# 歩くという哲学

フレデリック・グロ　著
谷口亜沙子　翻訳

わたしはこの本を、すべての歩く女性《マルシューズ》たちに捧げる。

「スティーヴンソンの道」を忍耐強く歩き続けた女性たちに。

ヒマラヤへの憧れを抱かせてくれたラサのパリジェンヌことアレクサンドラ・ダヴィッド＝ネールに。

砂に書かれた手紙でサハラの夢を授けてくれたイザベル・エーベルハルトに。

ひとりで外を歩くというただそれだけのことが、女性たちにとってどれほどの危険を孕《はら》みうるかを初めて言葉にし、告発してくれたレベッカ・ソルニットに。

ローラン・エルキンが描いた素晴らしき遊歩女《フラヌーズ》たちに。

カトリーヌ・ネスキが描いたロマン主義時代の遊歩女《フラヌーズ》たちに。

シャンタル・トマが描いた創意に満ちた遊歩女《フラヌーズ》たちに。

わたしを触発し、
その静かな勇気と粘り強さによって、わたしを支えてくれたすべての女性たちに。

歩くという哲学●目次

# 歩くことは、スポーツではない

Marcher n'est pas un sport

歩くことは、スポーツではない。

スポーツには、テクニック、ルール、得点、試合、といったものがつきものだし、習得しなければならないことも多い。フォームを身につけ、どう動けばよいのかを身体に覚え込ませた後で、ようやくその場での対応力や才能といったものが問題になる。

スポーツにはスコアがある。何位だったかとか、タイムはいくつだとか、結果はどうだったとか。いつも勝者と敗者がいて、まるで戦争のようだ――スポーツと戦争には似たところがあり、それは戦争にとっては名誉なことだが、スポーツにとっては不名誉なことだ。対戦相手に払うべき敬意と、敵への憎しみでは、ずいぶんまた違っている。

スポーツは、言うまでもなく、耐久力をつけることや、努力する喜びを知ること、規律を尊重する姿勢にもつながっている。スポーツとは、ひとつの倫理であり、労働なのだ。

とはいえ、スポーツはやはり、物質主義に絡め取られたものでもある。新聞雑誌のネタでもあり、各種の見世物でもあり、商業活動の一部でもある。つまりは、パフォーマンスなのだ。メディアの儀式を必要とし、そこにまた、ブランドやイメージの消費者も群がる。

資本がスポーツの中に入り込み、その魂を奪っている。医学もまたスポーツを侵略し、人工的な肉体を創り出す。

歩くことは、スポーツではない。足を交互に出してゆくだけの、子供の遊びだ。結果もスコアも関係ない。だから、歩く者同士の会話は、どの道を歩いたことがあるとか、あの小道は見晴らしがよかったとか、あの岬から何が見えたか、というようなことだけだ。

歩くためのグッズをマーケティングに乗せようという努力もあれこれとなされはしたのだ。驚異のハイテク・シューズだとか、革命的ソックスだとか、機能満載のザックだとか、高機能ズボンだとか……。そうやって歩くことにスポーツ精神を注入しようとすれば、もう「歩く」なんて言わずに、「トレッキングする」ということになる。そこで、ほっそりとしたトレッキング・ステッキが店頭に並び、それを手にして歩く人々は、一風変わったスキーヤーのような恰好になる。とはいえ、せいぜいそのあたりまでで、そうした商法もそれ以上は展開しない。しようがないのだ。

歩くということ。ゆっくり行こうとするならば、歩くことが最良だ。歩くためには、二本の足が効いてさえいればいい。ほかのものはすべて無駄だ。もっと速く進みたければ、どうすればよいのか？　それなら、歩かなければよい。乗り物に乗るか、滑るか、飛ぶかすればいい。歩く必要はない。それから、歩く場合に大切なパフォーマンスは、ただひとつだけ。空の深さと風景のきらめき。歩くことは、スポーツではない。

けれども、ひとたび立ち上がってしまったら、人はその場にじっとしてはいられない。

外

Dehors

歩くということは、外にいるということだ。外、つまりは「屋外」にいるということ。歩くことは、都市生活者にとってのロジック、ひいては人類にとってのもっとも一般的な条件を逆転させるのだ。

ふつう、外に出かけることは、あるひとつの「中」から別の「中」へと移ることである。自宅から職場へ、家から近所の店へ。家を出るのは、何かをするために、「どこかへ」行くことだ。その時「外」とは、一時的なつなぎであって、二点を分離するもの、ほとんど障害と言ってもいいようなものだ。こことあそこの「あいだ」。だが、独自の価値はない。家から駅までの道のりは、どんな天候の日であれ、いつでも急いでこなす。頭の中はまだこまごまとした家のことに気を取られ、だが早くもこれからこなさねばならない仕事のことでいっぱいになっている。足はせかせかと小走りで、手はポケットの中を落ち着きなくかき回し、何か忘れ物をしているのではないかと不安になっている。「外」は、ほとんど存在しない。長々と続く廊下や、トンネルや、二重扉にはさまれた小スペースにも等しい。

時には、ただ「ひと息入れに」外に出ることもある。物言わぬ文具や壁とばかり顔を突き合わせていても息が詰まるから、そうしたものから身を引きはがすのだ。外では燦燦《さんさん》と日が照っているのに、その光を浴びられないなど、やはり不公平だと感じて「空気を入れ替える」ために、外に出る。どこか目的地があるわけではない。ただほんの少し外に出て、足を動かす。まだ肌寒い春のそよ風に吹かれるために。こわれそうな冬の太陽の暖かさを感じるために。自分に与える休憩であり、幕間のようなものだ。子供たちも、ただ「おんも」に行きたくて、外へ行く。子供にとって「外に行く」とは、遊ぶこと、走ること、笑うことである。成長すると、「外出する」は、親から離れたところで友達と何かをするという意味に変わる。だが、そうなると、たいていの場合、「外」はまたしても、ふたつの「中」のあいだにあるものとなっている。二地点を中継するつなぎ。時間を要する空間、というわけだ。

外。

何日間にもわたる、長距離の山歩きの場合、この「外」がすっかり反転する。外は、もはやつなぎではない、安定した要素となるのだ。事態は逆転する。寝場所から寝場所へ、山小屋から山小屋へと進んでゆく者にとって、次々と変化し、いつまでもうつろってゆくのは、「中」のほうだからだ。同じベッドで二度眠ることはなく、今夜迎えてくれるのは、また新たな山小屋の主人だ。内装や雰囲気にも、そのつど新鮮な驚きがある。壁や石材の多様さもまた。

今日はここまでにしよう。身体も疲れたし、日も落ちて、もう休まなければならない。だが、どの「中」にしたところで、要は里程標であって、なるべく長く「外」にいるための手段、つまりは、つ゛な゛ぎ゛にすぎない。

朝が来て、最初の一歩を踏み出す時の独特な感覚についても言っておかねばならない。地図も見たし、ルートも決めた、山小屋の人にいとまを告げて、リュックを背負い直してから、道を見定める。軽く足踏みをし、息継ぎをするようなものだ。立ち止まり、確認をし、少しのあいだその場にとどまる。それでこそまた、道が開かれる。道へと入り込んでゆき、リズムをつかむ。顔を上げて、前を向く。とうとう歩き始めたのだ。歩くために、外にいるために。外はここにある。確かにある。わたしたちは今、外にいる。外こそが、自分の領分、外こそが自分の居場所なのだということが確かに感じられる。ひとつの宿から、別の宿へと移り続けても、そこになお連続性があり、ひとつながりのまとまりを感じられるのは、わたしを取り巻いている地形、いつでもそこにある山並みのおかげだ。山の中を歩き回っているのに、我が家を歩いているような、自宅を測り知るような感じがある。必要だから通過して、背後へと置きざりにしてゆくのは、一晩眠った部屋のほう、一食を供された食堂、その宿の住人や、宿の守り神のほうであって、風景ではない。

「外」と「中」の分離状態を、歩くことは攪乱《かくらん》する。野を越え、山を越えて、山小屋に投宿する、というのは正確な表現ではないのだ。その逆だ。何日ものあいだ、わたしは風景の中に住まい、時間をかけてそれを所有し、ゆっくりと自分の場にしてゆくのだから。

朝の独特な感覚は、山小屋の壁を背後にし、頬を風になぶらせ、世界の真ん中を進んでゆく時に、花が開くように広がってゆく。今日は一日、ここが自分の家なのだ。歩きながら、自分は、ずっとここにいることができるのだ。

# 遅さ

Lenteur

彼の口にしたフレーズを、わたしはいつまでも覚えているだろう。わたしたちはイタリアアルプスの急なルートを登っていた。マテオは、当時のわたしよりも半世紀ぶんアドバンテージがあった。七五歳は超えていたと思う。針金のように細い体に、ごつごつした大きな手、やせた顔つきをして、いつでも背すじがしゃんと伸びていた。歩く時には、寒さに耐えるかのように、きゅっと腕を引き締めて、いつもベージュの麻のズボンをはいていた。

彼はわたしに歩き方を教えてくれた。だが、先ほどわたしは、歩くことに関しては、習うことなど何もないと言ったばかりではなかっただろうか。歩くことにはテクニックなどない、山頂まで行かれるかなんて問題ではないし、こうすべきとかああすべきとかいう話でもない。反復練習をしたり、集中する必要もない。歩くというのは、誰もがすでにできていることで、片足を出して、次にもう片方の足を出す、それだけのことだ。その歩幅、そのリズムでちょうどよく、それで行けるだけの距離を進めば、どこかには到着する。あとは、それを繰り返せばよい。

一歩ずつ前に進む。ただそれだけのこと。

それにもかかわらず、わたしが「教えてくれた」と言ったのは、彼が言った一言のためだ。わたしたちが細くて急な道を登り始めて数分経過した頃だっただろうか。背後から何かあおられるような感じを覚えた。若者のグループが足音を大きく立てて、すぐ後ろに自分たちが来ていること、わたしたちを追い越したいのだという意志を示していた。わたしたちが端にのいて道をあけてやると、がやがやとした一行は得意そうに微笑みながら、礼を言って去っていった。マテオがわたしに言った。「おやおや。あんなに急ぎたがるのは、よっぽど到達できる自信がないんだな」

山歩きに自信のある人は、必ずゆっくりと登ってゆく。速さの対極にあるゆっくりではない。ただ、ペースが一定で、均一であるということだ。歩くのではなく、滑っているかのようで、足はまるで「円」を描くかのように、回転している。まずい歩き手は、ぐんぐん登っていったかと思うと、かくんと遅くなる。どこかぎくしゃくとして、膝がなめらかでない。彼らの速さとは、突然スピードを上げているだけで、息があがっている。張り切って足ばかり動かそうとし、えいや、よいしょ、と我が身を引っ張ったり、持ち上げたりしている。顔は赤く、汗だくだ。遅さの真の対義語とは、「焦り」なのだ。

頂上に着くと、「体育会系」の彼らがいて、腰を下ろして、このたびの成果についてのコメントをしていた。タイムを出したかったらしい。時間《タイム》を出す、というのは不思議な言い回しだ。わたしたちはといえば、休憩をした。彼らはまだ分析や比較を続けていたが、わたしたちは、ゆっくりと下山を始めた。

スピードの幻想とは、それで時間を稼げると思い込むところにある。計算は一見単純に思える。三時間の代わりに二時間ですむのなら、一時間得をする。それが抽象的な計算にすぎないのは、ある一時間と別の一時間は完全に等しくはないからだ。

急いでいる時、時間はどんどん速くなる。時間が飛び去る、ということは、急いだその二時間のために、結局、一日の長さが短くなるということだ。時間を細かく分割して、その中をやたらと埋めようとしてみても、一瞬一瞬は破れ散ってしまう。詰め込みすぎれば、飽和するのだ。

歩いて過ごした一日は、もっと長い一日に感じられる。そういう日には、いつもより長く生きた思いがする。時間の継ぎ目に無理な力をかけず、どの一時間にも、どの一分、どの一秒にも、それぞれがゆったりと呼吸できるように、奥行きを持たせたからだ。急げば、時間ははち切れてしまう。ゆっくりやる、ということは、時間に寄り添うことだ。一秒一秒が、粒となって感じられるほどに。一瞬一瞬が、露となって結ばれてゆく。小雨が石へと降りかかる時のように。時間がそんなふうにゆるやかに引き延ばされる時には、空間にも深さが宿る。

歩くことの秘密とは、それなのだ。風景にゆっくり近づいてゆくと、風景と親しくなれる。友達と会うことを重ねるうちに、関係が深まってゆくように。日がな一日、身近にあった山の姿も同じだ。光は移り変わるが、山はそこにあり、だんだんくっきりと、ますますはっきりと、その山だなと感じられる。山を歩く時、遠くの風景は、目に見えないほどかすかにしか変化せず、動くものはない。車や、電車で行くならば、山のほうが近づいてくるように見えるのだが。

歩いている人にとっては、もっと自然そのものが立ち現れてくる。歩くことによって、近づくのではなく、世界そのものが、自分のなかで、重みと厚みを増すのだ。

味わいや、色や、匂いがぎっしりと詰まったその風景を、わたしたちは、自分の身体で煎じてゆく。

# やむにやまれぬ逃走の欲求（ランボー）

La rage de fuir (Rimbaud)

**「この手紙にお返事をくださる際の住所を差し上げることはできません。このあと自分がどこへ向かうことになるのか、自分でも知らないものですから。どの道をたどって、どこを経由するのか、なんの理由があって、どうやってそこに着くのかも[1]」**

ヴェルレーヌにとって、彼は「風の靴底を持つ男」だった。ランボー自身、少年の頃から、自分をそんなふうに捉えていた。「ぼくは、ただの歩行者だ。それ以上のなにものでもない」。ランボーは歩いていた。人生を通して。

ひたすらに、激しい怒りを胸に。一五歳から一七歳までは大きな街、文学的な希望の持てる街へと向かって歩いた。高踏派のサークルに自分のことを知らせ、自分に似た詩人たちと出会うために。絶望的なまでに孤独な自分を好きになってもらうために（詩を読んでもらうために）。またしてもブリュッセルへ、ジャーナリズムで身を立てるために。二〇歳から二四歳までは南に向かおうとした。冬になると自宅へ戻る。旅支度をするためだ。地中海の港（マルセイユやジェノヴァ）とシャルルヴィル（ランボーの生地）との絶え間ない往復。太陽に向かって歩いていった。二五歳から死の日までは、砂漠の道を。太陽のなかを歩いたのだ。アデンからハラールまで、幾度も、幾度も。

1 ランボー『書簡集』、アデン書簡、一八八四年五月五日さあ、行こう！　歩くのだ、重荷と、砂漠と、倦怠と、怒りと共に[2]。

＊

一五歳の時、詩人の街パリに憧れ、シャルルヴィルにいたのでは、自分が、あまりにも孤独で、あまりにも無価値だと感じ、素朴な夢で頭をいっぱいにして、ついに家出をする。八月のある朝、誰にも告げず、早朝に歩きだした。ジヴェまでは徒歩で行き、そこから列車に乗った。優等生だったので、賞として与えられた数冊の本を売ったが、それだけではパリまでの運賃に足りなかった。パリのストラスブール駅に着くと、警官が待ち構えていた。窃盗と家出の科で逮捕され、警視庁の留置所に連行され、そこからマザ監獄へ移される。ランボーの修辞学教師としてよく知られているジョルジュ・イザンバールが、救援に駆けつける。イザンバールは教え子を自由の身にするため、鉄道会社に未払い運賃を払ってやる。戦争の影響でシャルルヴィルまでの線路が寸断されていたため、途中下車をして、庇護者イザンバールの親戚の家があるドゥエへ向かう。イザンバールの義叔母たちにもてなされ、文学談義にふける幸福な日々を過ごす。だが、母親に呼び戻された。

ひと月もたたないうちに、ランボーはまた別の本を売り、また出奔する。フュメまでは列車で行くが、その先は歩きだ。村から村へ（ヴィルー、ジヴェ）、ムーズ川沿いに進み、シャルルロワに向かう。

**かれこれ八日は歩いたな、ぼくのブーツは穴だらけ、**
**小石だらけの道を来て。われ、シャルルロワに入りけり。**

ランボーはこの時「シャルルロワ新聞」に働き口を求めたが、断られる。その後、ブリュッセルへと向かったのは、親切なイザンバール先生がいると思ったからだが、なにしろ一文無しなので、歩くしかない。その道、五〇キロ。

**ぼくは歩きに歩いてた　両のこぶしはポケットに　突っ込んでるうち破れたな**
**上着もまさに理想的　かすみのごとく擦りきれて**
**大空のもと闊歩する　ミューズ　そなたの忠僕だ**
**やれやれ　ぼくは　なんという壮麗な愛を夢見たか！**

五〇キロもの道のりを、文学と愛の栄光を夢見ながら、歓喜にひたされて歩いた。両手はポケットに突っ込んで。だがブリュッセルに着いても、イザンバールはいなかった。イザンバールの友人

2「悪い血」『地獄の一季節』（一八七三年四月－八月）

デュランから帰りの路銀を手渡される。すぐには家に帰らずに、ランボーはドゥエへと向かう。新しい家族のいるあの場所へ。「ぼくです。戻ってきました」。ランボーは道中で生まれた詩を携えていた。歩くリズム、揺れる腕のリズムから綴られた、放浪の彩色版画《イリュミナシオン》。

それは幸福の詩であり、田舎のはたご屋でとる休憩の安らぎの詩であり、はるばる来た道のりの長さを思う時の満足感の詩である。若さそのものの詩だ。

**ふかぶかとした幸せを感じながら、僕はテーブルの下に足を投げ出した**[3]

何日も歩き続けた道を、秋の日が金色に染める。露天で野宿をすれば、星空が屋根となり、夜は微笑を送る。

**ぼくの宿屋は　大熊座**
**——夜空のぼくの星々は　やさしくふるえ　さざめいていた**

ランボーは大きな白い紙の上に、自分の生み出した詩を丁寧に書き写す。ドゥエの「家族」にあたたかく迎えられ、幸せに包まれる。一六歳。一一月一日、ランボーの母親（「影の口」と呼ばれた）は、遅滞なく息子を帰すようイザンバールに命じる——「切符代を節約するために」警察を使うように、と。

一八七一年二月、普仏戦争は続いていたが、ランボーは相変わらずパリに行きたくてたまらない。最初のパリ訪問で見たのは、留置所の壁だけだった。シャルルヴィルでは、厳しい寒さが続いていた。ランボーは髪が伸びるにまかせ、堂々と振る舞い始める。口にパイプをくわえ、肩で風を切り、目抜き通りを闊歩する。怒りを胸に抱えて。誰にも何も言わなかった。密かに、次の家出の機会をうかがっていたのだ。今回は時計を売って、パリまでの足代を得た。二月二五日、ランボーはパリをさまよう。本屋のショーウィンドウに心奪われ、新たな詩の動向について知識を仕入れる。夜は石炭船で眠り、食事は残飯でしのぎ、文学者たちのサークルと接触しようと必死に画策する。だが、時代は文学の時代ではなかった。パリにプロシア軍が入城し、街は黒いヴェールに覆われていた。すきっ腹に空っぽの財布を抱え、ランボーは敵の前線をくぐり抜けて故郷に帰りつく。時には農民の荷車に乗せてもらいながら、徒歩で。家まで帰りついた時は「夜中だった。裸同然で、ひどい気管支炎をわずらっていた」

次の春、ランボーはまた家を出たのだろうか？　この問題については、伝説とも史実ともつかず、謎のままになっている。いつかその謎が解ける日が来るのだろうか？　いずれにせよ、ランボーがパリ・コミューンの報を受けて心を震わせたことには間違いがない。パリでは革命が起こっているというのに、ぼくはひとりシャルルヴィルで猛り狂っているだけなのだ、共産憲草《コミューン》の起草者たるべきこのぼくが！　ランボーは、幼少期には敬虔なカトリック教徒であったが、熱烈な共和主義者、激烈な反教権主義者となった。自由と友愛の名のもとに民衆が一斉蜂起したとの報にランボーは陶然となる。「体制はくつがえされた」。三月にはコミューン政府が成立。四月のパリでランボーの姿を見たという者もいる。だが、真相は明らかでない。ドラエによれば、ランボーはコミューン軍の義勇兵に志願し、バビロン兵舎で活動したという。仮にそうだったとしても、それは二週間程度しか続かなかったことになる。ランボーは石炭船に乗り込み、再び徒歩で自宅に戻る。帰った時には、見る影もない姿で、息も絶え絶えだった。無一文だった。

ランボーは四度目（あるいは、まだ三度目？）のパリ行きを果たす。今回は、本当に詩人として聖別を受けるためだった。時は一八七一年の秋。ランボーは一七歳を迎えようとしていた。今度の旅は、母親にも告げた、いわば公式の旅だった。というのも、パリにはランボーの訪れを心待ちにしている人々がいたからだ。詩を送った相手のヴェルレーヌが、すっかり魅了され、ランボーを招いていた（「来たまえ、すぐに来るがよい、愛しい、偉大なる魂よ」）。詩人仲間が少しずつ出し合って、ランボーの旅費を工面した。ランボーは、抵当あるいは奉納物として、その詩才の証しとして「酔いどれ船」をパリに持参した。

その後の顛末はよく知られている。三年の長きにわたって、ヴェルレーヌはランボーの生活を支え、ふたりは嵐のような、激情に満ちた関係を結んだ。パリの詩人仲間との放埓な生活、三度にわたる波乱に満ちたロンドン滞在、泥酔するまでの痛飲、吹き荒れる嵐のような大喧嘩と崇高な和解、そして、ブリュッセルでの不幸なピストル事件ですべては終わりを迎える。ヴェルレーヌは投獄され、ヴェルレーヌとの炎のような日々を過ごしたランボーは、今ひとたび出発地点(シャルルヴィルやロッシュ)へと舞い戻るが、どこにいても、やりきれないほどの倦怠に襲われる。ヴェルレーヌとの事件のために、文学サークルはランボーと距離を置くようになっていた。そもそもパリに来た頃から、悪童の評判はついて回っていた。不潔な非行少年、品のない浮浪者、手の施しようのない飲んだくれ。

一八七五年、ランボーは二〇歳になっていた。『地獄の一季節』と『イリュミナシオン』の他、おそらくは永遠に失われてしまった『精神の狩猟』を書いていた。それ以降は、一篇の詩も書いていない。『地獄の一季節』の出版は、惨憺たる失敗に終わり、出版社への支払いもできず、自分用の数部を持ち帰っただけだった。『イリュミナシオン』が世に出るのをランボーが見ることはなかった。たった五年間で、ひとりの少年が文学全体を変貌させたのに。だが彼は、それきり、一篇の詩も書かなくなった。電報のような(稲妻のような)文体で、多くの手紙を書いたが、詩はもう書かなかった。だが、彼はまだ、歩き続けていた。長く、遠くまで、ひたすらに歩いていた。

次に旅に出る時には、もっと遠くへと行こうと願い、ひとり部屋にこもり、外国語の勉強に励んだ。ドイツ語を学び、イタリア語に手をつけ、スペイン語にも取り組んだ。希露《きろ》辞典をひもとき、アラビア語の初歩も身につけたようだ。五年間、冬は語学に身を入れた。歩いて旅に出るのは、春が来てからだ。

一八七五年。シュトゥットガルトにいる時に、彼はイタリアに向かおうと決める。まずはスイスを列車で抜けたが、まもなく所持金が底をつく。続きは徒歩で、ゴッタルド峠を越え、疲れ果てた状態でミラノに着く。そこで不思議な女性に助けられる。ブリンディジまで歩いていこうとするが、リボルノからシエナへの道中で日射病に倒れる。マルセイユまで送還され、パリに戻り、再びシャルルヴィルへ。

一八七六年。徒歩での旅というよりは、冒険の年になる。頭を丸刈りにしてロシアへ向かうが、ウィーンより先に行けない。馬車の御者に殴られ、身分証もなく死にかけているところを発見される。オランダ軍に入隊するが、サラティガ（インドネシア）で脱走。

一八七七年。ブレーメンに向かい、アメリカに渡ろうとする。ストックホルムでサーカスの窓口係になる。その後、シャルルヴィルに帰還。

一八七八年。マルセイユからエジプト行きの船に乗るが、たちまち病気になり、再び送還される。徒歩での帰宅。再びスイスへ向かい、再びゴッタルド峠を歩いて越え、ジェノヴァでキプロス行きの船に乗る（工事現場の責任者となる）。だが、一八七九年の春、熱病に悩まされ、治らない。帰郷するが、冬の初めの寒さが訪れると、再びマルセイユへ。だが、またしても熱病にかかり、再び帰郷。

ランボーの動きはいつでも同じだ。同じ緩慢な行ったり来たりが続く。冬のあいだは自宅で退屈し、苛立ちを抱えながら、外国語の辞書を片端から暗記する。冬以外の季節になると、運試しだ。一八八〇年、再びキプロスへ。だが、そこから慌ただしく出発している(労働者に死ぬほどの重傷を負わせてしまったのだろうか?)。彼は、この時初めて、北に引き返すことなく、さらに南進を続ける。紅海を渡って、アデンに到着。

そこから彼の人生の最終幕が始まる。舞台はアデンとハラールのあいだ、砂漠と山岳地帯の続く一〇年間だ。

摂氏四〇度。アデンは竈の中のようだ。ランボーはコーヒー豆の選別の監督になる。雇い主たちに重宝がられ、アデンに定住する商人のバルデは、アビシニア内陸の高地にあるハラールで、新しい代理店をランボーに任せることを思いつく。ハラールの標高は一八〇〇メールだが、気候は温暖で、ランボーはこの提案を受諾し、キャラバンを組む。

ハラールに到達するには、藪の生い茂る道、石ころだらけの砂漠を三〇〇キロ以上進まねばならない。森があり、岩山があり、急な峠を越える。ランボーは馬で行くことにしたが、馬から降りねばならない場所も多かった。キャラバンはゆっくりと進み、二週間以上かかった。

到着後、新しい代理店の新社員として、せっせと商売に励む。土地に慣れ、倦怠し、時には怒り、遠征を企てる。ハラールに一年滞在すると、またアデンへ戻る。それからまたハラールに一年、そして再びアデンへ。いつも同じ道、いつも同じ疲労。店の経営状態に応じて、任される仕事も変わった。だが、実のところ、なにひとつうまくいっていない。途方もない計画を立てては、やがて飽きてしまうか、頓挫するかの繰り返しだった。金儲けがしたい、どこかに身を落ち着け、静かに暮らすために。

一八八五年、今度こそひと財産つくれそうな話を思いつく。大量の武器と弾薬をキャラバンでショア地方まで運び、メネリク王に売る。ランボーは全財産を投げうち、この計画に着手する。ソレイエとラバチュというふたりの協力者も手を組んでくれた。だが、ふたりともすぐに亡くなってしまう。ランボーは諦めない。貯金をつぎ込んで、一八八六年九月に出発する（「かなりの長距離になるし、アンコベールまでは、二カ月近くかかる見込みだ」）。ランボーの様子を見ていたフェランディによると「ランボーはいつも徒歩で、キャラバンの先頭に立っていた」「荒れ果てた乾ききった砂漠を、五〇日間進んだ」。タジュラからアンコベールまでは、広大な不毛の砂漠を越える一本道で、それも玄武岩がごろごろしている岩石砂漠だ。道はやけどするほど熱い。道といっても「月面はこうかと思わせるような、ぞっとする道」だ。だが、到着してみると、メネリク王が見つからない。一行の財政破綻はいよいよ決定的となる。ランボーは疲れ果てていた。すべてを失ってハラールに帰り着き、おとなしく小商いを再開した。

だがある日、片膝が痛み出し、異常に腫れ上がった。三六歳のことだった。

＊

一五歳の時、アルチュール・ランボーは、心に決めたことがあるかのような、はるかな青い目をした華奢な少年だった。逃亡をしたその朝、夜明けの、黒い影が伸びる家の中で起き出し、音を立てぬように扉を後ろ手に閉めた。心臓がどきどきと音を立てていたが、目の前には、幾本もの小道が白く光っていた。「行こう！」

徒歩で。どんな時も徒歩で、大地の広さをその「並ぶもののない二本の足」で測りながら。シャルルヴィルからシャルルロワまで、幾度往復したのだろうか。戦争のために中学校が閉鎖されていた数カ月のあいだ、幾度ドラエと共に、煙草を買いに、幾度ベルギーまで行ったのか。幾度、さしたる実りもないまま、パリへと至りつき、すきっ腹を抱えて、またパリから戻ったのだろうか。マルセイユやイタリアまでの南への道を、幾度行き来したのだろうか。そしてついには砂漠の道を（ゼイラからハラールまで、そして一八八五年の遠征）、幾度その足で踏みしめたのか。

ランボーはいつでも必ず自分の足で歩いた。「ぼくは、一介の歩行者であって、それ以上のなにものでもない」。それ以上のなにものでもない。

歩くため、先へ進むためには、怒りが燃料になる。ランボーの中には、常に出発の叫びがあり、怒りに満ちた喜びがあった。

**行こう！　帽子に、外套に、両手をポケットにつっこんで、外へ！**[4]

## 前へ進もう、旅立とう！[5]

## 行こう！[6]

そして、歩き続けた。

出発するため、歩くためには、怒りを携えていなければならない。それは外からはやってこない。広い世界への憧れや、真理の約束、財宝への渇望から歩きだすのではない。まずはこの内なる怒りから歩きだすのだ。ここにいることが腹をえぐるほどつらく感じられ、これ以上じっとはしていられなくなる。ここに居続けて、生きたまま埋もれていることはもう無理なのだとわかった時に、歩き始める。ハラールの岩山からのランボーの手紙には、あなたがたの土地は気候が悪いですからね、と書かれている。そもそも冬が長すぎますし、雨が冷たすぎる。とはいえ、わたしたちのいるここアビシニアもひどい貧困と、ひどい倦怠感、うんざりするほどの停滞感が広がっていて、とてもやりきれないのですが。読むものとてなにひとつなく、話し相手もおらず、なにひとつ得になることはない。

だが、ここ、というのがランボーにはもう無理だったのだ。ここにはもう、一日だっていられない。「ここ」とはいつも「胸を押しつぶされるような」場所だったのだ。

だから出発しなければならない。「前に進もう、旅立とう！」。どんな道でもいい。太陽のほうへ、より光のあるほうへ、目をくらませるほどの光のほうへ。よそへ行ったところで、そこがここよりいいとは限らないが、少なくともそこは、ここからは遠い。それが大事なのだ。そこへ行くためには、まずは路上に出る。「破れポケットに両のこぶしを突っ込んで」。ここではないどこかとは、本当のところ、路上にしかなく、小道にしかなく、街道にしかない。

**ここでは　さよなら、また　どこでなりと**[7]。

怒りの表現、あるいは、空虚な決意の表現として歩きだすことがある。出発とは、常に「出て行く」ことだ。何かを背後に置きざりにして。歩いて出発することには、ただ引き返せばそれで終わるような「移動」とは違う、決定的なところがある。単に移動をするだけならば、取り返しのつかないものは何もない。だが、「出て行く」時には、不安と身軽さの入り混じった独特の感覚がある。不安を覚えるのは、何かを手放しているからだ(引き返すことは失敗であり、徒歩で出発する場合には、戻ることは基本的に不可能だ。単なる散歩なら別だが、数日間も歩き続ける場合、引き返すこ

4　一八七〇年一一月二日付のジョルジュ・イザンバール宛書簡
5　「デモクラシー」『イリュミナシオン』(一八七三—一八七五年)収録
6　「悪い血」『地獄の一季節』(一八七三年四月—八月)収録
7　「デモクラシー」『イリュミナシオン』収録

とは難しい。歩く以上は前進するしかないが、道は長く、来た道を引き返すのは無駄な時間となる。時間は重く、重要なのだ）。だが、背後に置いてきたすべてのおかげで、身が軽く、心も軽い。残っているのは、他の人たちだ。彼らはその場に留まり、動かずにいる。だが、歩く者は軽さを感じながら、よそへと運ばれてゆく。心をふるわせながら。

パリへの逃避、ロンドンでのそぞろ歩き、ベルギーへの遠出の旅、アルプス越え、徒歩での砂漠横断。最後にやってきたのが、ハラールでの猛烈な膝の腫れだった。一八九一年二月二〇日付書簡に「状態はかなり悪い」とある。足の痛みが激しく、眠れないほどだった。痛む膝に耐えながら、ランボーは仕事をやめず、忙しく立ち働く。度を越えた奮闘。ついに関節が動かなくなると、ハラールを離れることに決め、損とわかっていながらも、すべてを売り払った。四月七日、朝六時、ランボーはこれを限りにハラールを去る。担架に乗せられて。六人の男を雇い、交代で運んでもらう。執拗な痛みに悩まされながらの一一日間の移動。土砂降りの雨が一六時間降り続けたこともあった。あんなにも歩き回ることの得意だった彼が、人に運ばれている。がくがくと揺られながら、三〇〇キロ以上の道を、一一日かけて。着いた時には、衰弱しきっていた。「膝は、ひと目見てわかるほど腫れ上がっている。痛みは強くなる一方だ」。ひと休みをして、仕事の件を清算すると、また一一日間、船（アマゾン号）に揺られて、マルセイユに到着する。

マルセイユのコンセプション病院へ搬送される。「状態は、とても、とても悪い」。足を切断するしかない。緊急に。膝よりもかなり上で切断することになる。「医者によると、あと一カ月はかかる。

その後も、非常にゆっくりとしか歩けないという」。傷口はきれいに癒合する。「木の義足を注文した。二キロでそう重くない。八日後には仕上がるらしい。届いたら、少しずつ歩いてみるつもりだ」。自分自身で動けないことに苛立ちを募らせる。母親が見舞いにやってくるが、すぐに帰ってゆく。「あれもしたいし、これもしたい。あそこに行きたい、どこにでも行きたい。見たい。生きたい。旅に出たい」。これ以上病院にいることに我慢ができなくなり、列車に乗って、家族のいるロッシュへと戻る。二〇年の歳月を経て、再び出発地点に戻る。妹イザベルは、きわめて献身的に看病をしたが、ランボーは苛立ちを隠さなかった。病状も悪化した。ものがあまり食べられず、眠れず、全身が痛む。一日中、ケシのハーブティーを飲んでいた。

痩せて、秋の木の葉のようにか細くなったランボーは、それでも出発を決意する。最後の力を振り絞ろうとする。こんな北の地では、夏さえ寒すぎる。マルセイユから乗船すれば、またすぐアルジェかアデンに着けるだろう。体力は尽きていたが、それでも行きたい。そして、ランボーは出発した。「主よ、牧草地までが凍る頃[8]」。太陽へと向かう旅。八月二三日、妹に付き添われて、列車に乗る。家を出て、馬車に乗り込み、馬車を降りて、列車に向かい、駅から駅へ。そのひとつひとつが、十字架の道行きだった。マルセイユに到着すると、ただちに入院する。旅路にとどめを刺されたのだ。

8 詩篇「鴉たち」の冒頭の一行

ランボーを診た医師たちは、もはや望みはないと見ていた。ここが彼の最後の休息の地となるだろう。持ってもあと数週間、あるいは数カ月か。そのことは本人には知らされない。九月三日、ランボーは力強い筆跡で走り書きをしている。「義足が待ち遠しい。届き次第、送ってくれ。ここから早く出たい」。義足の仕上がりを待っている。まだ歩く気なのだ。毎日新しい義足の話をしては「起きたい、歩きたい」、どうか早く持ってきてくれと訴える。痛みはますますひどくなり、窓の向こうの真っ青な空を見上げながら、空が呼んでいると涙を流す。妹を責めるようなことまで言う。「ぼくは地下に埋められるのに、お前は太陽の下を歩くんだ」。次第に体が曲がらなくなり、関節強直が起こる。「僕はもう動かぬ筒切りにすぎない」。モルヒネを切らすことがほとんどできなくなる。切らせば激痛が走る。一一月初め、最初の錯乱。此岸《ここ》での最後の一週間が始まる。

もしも妹イザベルが残した回想録[9]の中から選ばなければならないのだとしたら、わたしは、今際のきわでの改宗の話よりも、「瀕死のランボー」で描かれている末期の錯乱の話のほうをずっと好む。ベッドに寝たきりで、腕にも麻痺がきている。やがて心臓にも達するだろう。ランボーはうわごとを言い始める。自分は歩いており、これから出かけるところだ。ぼくは今ハラールにいて、アデンに行かなければならない。「行こう!」。彼は幾度「行こう!」と叫んだことだろう。譫《せん》妄《もう》状態が続く。キャラバンを組まないとならない。ラクダも探さないと。機械式の義足がじつによく動くという幻覚も起きる。「新しい義足の調子が良くて、もうすっかり普通に歩ける」。ランボーは走りだす。とにかく出発しなければならない。「早く、早く、待たせているんだ、荷物をまとめて、出発だ」。彼の最期の言葉は「早く、待たせているんだ」だった。怒りを込めて、そう叫んだ。なぜ、もっと早く起こしてくれなかったのか、と。もう間に合わないはでないか、と。確かに、もう、遅すぎたのだった。

**主よ、牧草地までが凍る頃**

遠くへと旅立つこと。常に家族と母親（「あの母親」）から逃げ、アルデンヌ地方の寒さから逃げ、暗い森を吹き抜ける冷たい北風の唸り声から逃げ、悲しみと倦怠から、暗闇のような日々から、鉛色の空を飛び交う黒いカラスから、胸を押しつぶされるような冬の陰鬱さから逃げる。座業の連中[10]の卑しい愚かさからは逃げることだ。

**五月のヒタキは残せよ**[11]

歩くこと。ランボーには、歩くことが「逃げること」だという感覚があったのだと思う。歩いて

9 メルキュール・ド・フランス社から『聖遺物』のタイトルで刊行されている
10 詩篇「座っている奴ら」を踏まえたもの
11 詩篇「鴉たち」より

いる時に覚える、すべてを後ろに置いてきた、というあの深い喜び。歩きだしてしまえば、もう戻ることは考えない。大丈夫、もう出てきてしまったのだから。疲労の喜び、消耗の喜び、自らを忘れ、世界を忘れることの途方もない喜び。忘れることのできない昔の思い出も、つい考えてしまいがちなどうでもよいことも、道を踏んでゆくリズミカルな足の下へと次々と消えてゆく。疲労がすべてを溶かしてしまう。なぜ歩くのか、という答えを、わたしたちはいつでも知っていたのだ。進むため、出てゆくため、たどり着くため、そして、また出発するためだ。

**行こう、旅立とう！**
**ぼくは歩行者であって、それ以上のなにものでもない。**

一八九一年一一月一〇日に、ランボーは逝った。三七歳になったばかりだった。コンセプション病院の死亡記録には「シャルルヴィル生まれ、マルセイユを通過中」とある。通過中。彼はただ、再び出発するためだけに、そこにやってきていたのだ。

# 自由

Libertés

ちょっとした散歩であっても、歩くことは、まず第一に、宙づりとしての自由をもたらす。心にのしかかる心配事を投げ捨て、しばし仕事のことを忘れる。なんにせよ、机を持ってくるようなことはしなかったのだ。家を出て、ぶらぶらと歩き、別のことを考える。数日にわたる山歩きの場合、この「抜け出す」ような感覚はひときわ強くなる。仕事の束縛から逃れ、習慣という桎梏《しっこく》からも解放される。だが、なぜ山歩きは、単なる長期旅行よりも、より強くこの自由の感覚を与えるのだろうか。というのも、山歩きにもまた、やはり煩わしい束縛が存在するからだ。リュックは重いし、宿までは遠く、天候は不安定で（雨や嵐に見舞われることもあれば、ひどい暑さもやってくる）、山小屋はおんぼろ、それに体も痛む……。それなのに、山を歩くことだけが「必要不可欠なもの」という幻想から我々を解き放ってくれる。山歩きは、それ自体としては、必要性の概念に強く支配されている。次の休憩所までは何時間も歩く必要があり、その時間は一歩一歩に換算される。庭園の小道を行くのとはわけが違うから、思いつきで行動する余地は少ないし、分かれ道で逆方向に行ったりすれば、たちまち高い代償を支払わされる。山全体が霧にすっぽりと包まれてしまうこともあれば、土砂降りになることもあるが、それでも足を止めずに、前に進まなければならない。水や食糧の準備にも、ルートや水場の有無に応じて慎重な計算が必要だ。不便で快適でないことは言を俟《ま》たない。だが、そこで、奇蹟のように不思議なことが起こる。それは、そのような状態にもかかわらず我々が幸福を感じるということではなく、それらの状況のおかげで幸福が感じられる、ということだ。つまり、食糧や飲料の選択肢がごく限られていること、その時々の天候をただ受け入れることしかないこと、規則的に動いてゆく自分の足以外にはなにひとつ頼りにできないこと、そうしたことのおかげで、不意に、ふだんはどれだけ過剰な供給（商品の洪水、無数の交通網、おびただしいネットワーク）に晒《さら》されていたかが見えてくるのだ。どれだけ利便性ばかりが追求され、どれだけそれらへの依存症（通信手段においても、購買活動においても、移動手段においても）が生みだされているのか。選択というミクロな自由は与えられているが、それらはみな、システム全体を加速させることに資するばかりで、わたし自身はさらにがんじがらめにシステムに囚われてゆく。わたしを時間や空間から解放するものは、わたしをスピードの支配する世界へと追いやっているのだ。

山歩きの体験がない人に、山を歩く人の状態について説明してみても、悪夢か、頭がおかしいか、自発的隷属のように映るだろう。なぜなら、都市生活者は、歩く人にとって解放と感じられるものを、欠乏として捉えてしまうからだ。もはや、メッセージ交換の渦に巻き込まれず、情報やイメージや商品を再分配するネットワークのひとつにも還元されない。そうしたすべてがリアリティのある大事なもののような気がしていたのは、自分がそれにリアリティや重要性を与えていたからなのだと気がつく。ネットにつながっていなくても、わたしの世界は崩れはしないし、それどころか、そうしたつながりが重く、息苦しく、締め付けのきつすぎる絡まり合いに見えてくる。

そのような時、自由とは、一切れのパン、喉をうるおす冷たい水、広々とした風景となる。

とはいえ、こうした「一時停止」としての自由を享受し、山に行くことを好むとしても、わたしはそこから帰る時にも、喜びを感じる。山での幸福は、括弧に入れられたような幸福であり、その自由は、一日か、数日間のエスケープのようなものだ。家に戻れば、本当にはなにひとつ変わっていない。お馴染みの慣性の法則が、再び働きだす。スピードが大切になり、自己を忘れ、他者を忘れ、駆り立てられるように動いていては疲れ果てる。素朴なものからの呼び声は、歩いている時にしか続かないようだ。「きれいな空気を吸って、元気になったね」というわけだ。束の間の自由にすぎず、またもとに戻ってゆく。

　ふたつめの自由は、アグレッシヴな、もっと反逆精神に満ちたものだ。一時停止的な自由の場合は、実生活の中では、一時的に接続を切ることでしかない。数日間、ネットから離れて、人のいない山道を歩き、システムの「外」を体験する。だが、もっと完全に解約してしまうことだって、ひとはできるのだ。ジャック・ケルアックやゲーリー・スナイダーの著作には、そうした規範の乗り越えや「絶対的な外」への誘いがあふれている。馬鹿みたいな決まり事や、壁に守られているだけの、あくびの出そうな「安心安全」、「いつも同じ」のつまらなさ、とっくに擦り切れている繰り言、金を持っている連中にありがちな小心さ、変化を嫌う心とは、金輪際、縁を切るがよい。そうだ、新たに旅立つことだ、掟などは破るがよい、ついに狂気と夢を育むべきだ。歩きだすという決断（遠くに行く、どこかに行く、新しいことをやってみる）には、野蛮なもの（野性的なもの《ワイルド》）に誘い出されるようなところがある。歩きだしてみれば、星月夜に満ちる大気の清々しさや、四大《しだい》のエネルギーが身に迫り、それらをもっと浴びたくなる。自然はあまりにも広大で、身体がすみずまで満たされる。扉を叩きつけるようにして人間社会を出てきたのだから、自分を引き留めるものはもう何もない。足にねばつく歩道はない（何万回もたどった、我が家へと続く道）。十字路はどれもためらいがちな星のようにふるえ、何かを選ぶ時に感じるかすかな戦慄を思い出す。自由はめまいを伴うのだ。

この場合には、人工的なものから解放されて、単純な喜びを味わうのではなく、自己の限界としての自由を見いだすことになる。自己の内からあふれ出て、自分を超越する「荒ぶる自然」に出会うのだ。歩くことは、実際、そのような極端な事態を引き起こすことがある。極度の疲労のために精神が異常をきたし、極度の美しさの前で魂が抜けたようになり、山頂での陶酔に身体が張り裂けそうになる。歩いてゆくうちに、わたしたちの内奥で、あの原初的な部分が目覚めるのだ。欲望は粗野で圧倒的なものとなり、霊感に満ちた弾みが生まれる。なぜなら、歩くことによって、わたしたちの体には、生命という名の芯がまっすぐに通り、自分のすぐ足元から噴き上げるその奔流に運ばれるようになるからだ。

つまり、わたしが言いたいのは、歩くことによって自分に出会おうとしているわけではないのだ、ということだ。長年の自己疎外から解放されて、自分に出会い直すとか、本当の自分だの、失われたアイデンティティだのを取り戻すだとか、そういった話ではないのだ。歩くことによって、人はむしろ、アイデンティティという概念そのものから抜け出すことができる。なにものかでありたいと思う気持ちや、名前や歴史を持ちたいと思う気持ちそのものから解放される。なにものかであることは、社交パーティーの場で自己紹介をし合う時には便利なものだし、心理カウンセリングの面接室でも役に立つだろう。だが、それは、わたしたちを縛りつける社会的な義務でもあり（そのために、自分の肖像に忠実であろうと、自分に無理をかけてしまう）、だとしたら、なにものかであるということは、本当は我々の両肩にのしかかっているだけの、くだらないフィクションではないだろうか。歩いている時に得られる自由は、誰でもなくあれることの自由だ。なぜなら、歩いている身体には歴史などなく、ただ太古から続く生命が流れているだけだからだ。わたしはただ二本の足のついた一匹の獣であり、大木のあいだを通る物理的な力であり、一閃の叫びにすぎない。実際、歩く人は、動物的存在としての自己を取り戻した瞬間に、しばしば大声をあげる。おそらくギンズバーグやバロウズのような、傷ついた世代の人々が顕揚《けんよう》したあの大いなる自由、わたしたちの生活に裂け目を入れ、隷従者たちの拠り所をことごとく粉砕するエネルギーの横溢《おういつ》の中で、山を歩くこともまた、麻薬やアルコールや痛飲や乱痴気騒ぎのような、無垢へと達するためのひとつの手段であったのだろう。

だが、山を歩くことはまた、ひとつの挑戦の表明でもあった。公害で汚染され、人間を疎外する、しみったれて、腐りきった文明社会を拒否するという表明である。

**おれ、今さ、ホイットマン読んでるんだけど、これがすげえんだよ。立ち上がれ、奴隷たちよ、よそものの独裁者どもをふるえあがらせろ、なんて言うんだ。ホイットマンにとって、**

**吟遊詩人ってのは、そういう構えを持ってなきゃならなかったんだな。詩人たるもの、禅の風狂の心もて、いにしえの荒野の道に立つべし、ってわけだ。で、世界はリュックひとつで風を切る放浪者たちの出会いの場にしよう、なんて言うんだ。そんな「天空の放浪者たち《ダルマ・バムズ》」は、消費活動にいそしめなんていう声には耳を貸さない。消費のために労働すべし、なんて考えも御免だ。そんな無用の鉄クズは一切お呼びじゃないんだ。やれ冷蔵庫だの、テレビだの、車だの、そんな無用なガラクタはみんなまとめて投げ捨てちまう。〔…〕そうして、何万人いや何百万人ものアメリカの若者たちがリュックをかついで旅に出る……**[12]。

歩く者にとっての究極の自由は、さらに得難いものである。それは、第三段階にあるもので、単純な喜びへの回帰や、原初的な獣性の回復の後にやってくる。「放棄する者」の自由だ。インド哲学の研究者であるハインリヒ・ツィンマーによると、ヒンドゥー哲学では、人生を四つの段階に分けている。第一のステージは、生徒、学習者、弟子の段階である。人生の明け方には、人は師の命令どおりに行動し、師の教えに耳を澄まし、師の批判に頭を垂れ、原則に順応することが基本となる。まずは受け取ることが大切なのだ。第二のステージ、すなわち人生の真昼にさしかかった者

12【訳注】ジャック・ケルアック『ザ・ダルマ・バムズ』英語の原題は The Dharma Bums で、仏法（ダルマ）の浮浪者、といった意味。仏訳タイトルは「天空の浮浪者たち Clochards célestes」の意

は、成人し、結婚し、一家の主となり、家族を養う。できる範囲で財産を管理し、僧侶たちを援助し、職業を持ち、社会の規範に従い、他者にも従わせる。社会や家庭において役割を与える仮面をかぶることを受け入れる。やがて、子供たちが跡を継ぐ頃になると、人生の午後が始まる。すると、一切の義務も、家族の扶養も、金銭的な心配も捨て去り、隠遁者となる。「森林への出発」と呼ばれるステージである。その段階に来たら、内省と瞑想を重ね、わたしたちの中にずっと存在し続け、変わることなく目覚めを待ち続けていたもの、すなわち、永遠の「我」と親しむことを学ばねばならない。あれこれの仮面や、立場や、アイデンティティや、歴史などを超越した「我」。そして最後に、第四段階の「巡礼期」が続く。勇壮な夏の夕べのように、いつまでも日の沈まない、人生の暮方である。もはや一箇所に定住することもなく（托鉢僧のステージに入る）、果てしなく歩き続けるうちに、名もなき「我」と、いたるところに顕現《けんげん》している世界の中心とがひとつに一致する体験が起こる。賢者はついにすべてを放棄する。それこそが完全な無執着という、もっとも高次の自由だ。もはや自分にも世界にも何の関わりを持たない。過去も未来も放棄した我は、色即是空であり、永遠の現在となる。スワーミー・ラームダースの『遍歴手帖』にあるように、すべてが与えられるのは、すべてを諦めた時だ。もう何も欲しがらなくなった時に、すべてがあふれんばかりに与えられる。すべてとは、すなわち、今ここ、ということの途方もない生々しさである。

　長距離の山歩きの中には、確かに、この「放棄の自由」が垣間見える瞬間がある。長いあいだ歩き続けていると、もう何時間くらいたったのか、目指す地点まであとどのくらいなのか、不意にわからなくなる。肩には必要最低限のものだけが入ったリュックの重みがかかり、これだけあれば十分だと感じている——もし、本当に、存在しつづけるためにそれ以上のものが必要なのだとしても——、こうして、あと何日でも、あと何世紀でも行けると感じている。どこに行くのか、なぜ行くのかほとんどわからなくなっており、そうしたことは、自分のこれまでの人生や、いまが何時かと同じくらい、どうでもよい。その瞬間、今、自分は自由だと感じる。なぜなら、名前や、年齢や、職業や、経歴といった、かつて自分が地獄下りをしたことがあるという徴《しるし》を思い出そうとしても、それらすべてが、ことごとく取るに足りない、ささいな、幻のようなものと思えてくるからだ。

孤独

Solitudes

**「さて、自分自身を深く味わうためには、山歩きはひとりでするにかぎる。グループになったとたん、たとえそれが二人であっても、それはもう山歩きとは名ばかりのものになる。それは何か別もの、ピクニックに近いような何かだ。山歩きのときにひとりきりでなければならないのは、自由であることが必要だからだ。立ち止まるのか、進むのか、この道を行くのか、あの道を行くのか、それは心がおもむくままに、自由に決めなければならない。そして自分のペースでなければならない[13]」**

歩く時には、本当にひとりで歩かねばならないのだろうか? この件については、引用先には事欠かない。ニーチェも、ソローも、ルソーもそう言っている……。

誰かと一緒だと、どうしても歩調が乱れ、足止めをくらい、歩みが狂わされる。なぜなら、歩くということは、自分のもっとも深いところにあるリズムを見いだし、それを守ることだからだ。その内在的なリズムは、ひとりひとりに適ったもので、そのリズムで歩いてゆくかぎりは、疲れることもなく、一〇時間でも歩き続けられる。ただし、それは、きわめて精巧な仕組みなのだ。だから他人のペースに合わせて、速くしたり遅くしたりすれば、身体がついてゆけなくなる。

13 スティーヴンソン『旅は驢馬をつれて』

ところが、では完全な孤独が絶対に必要かというと、そうでもないのだ。六、七人までならば、まだなんとかなる。それくらいまでならば、互いに口をきかずに歩くこともできるからだ。各自が自分のペースで、少しずつあいだを空けながら歩く。時々、先頭が振り返り、立ち止まって「大丈夫か?」というお決まりの文句を、恬淡とした、ほとんど無関心な調子で投げかける。大丈夫です、という合図に手をあげる。みんなで両手を腰にあて、しんがりを待つこともある。各自のリズムが、行ったり来たりしながら、交わり合う。というのも、自分のリズムで歩くというのは、いつでも完全に一定の、完璧に規則的なリズムで歩くことを意味しないからだ。身体は機械ではない。だからこそ、軽い弛緩や、胸躍る喜びの瞬間がある。六、七人までであれば、歩く時の孤独な時間は分かち合うことができる。孤独もまたパンや日光のように、人と分かち合うことができるものだから。七人を超えてしまうと、もはや集団、軍隊の行軍のようになる。大声や口笛が飛び交い、誰かに近づいてはまた別の人に近づき、待ち時間が続き、グループが生まれ、グループがやがて派閥となる。各自が装備を自慢し合い、食事の時ですらそんな調子で、人にも味見をさせたがる。何かサプライズの食べ物が登場し、競り合いさながらになってゆく。本当にもうやっていられない。これではまるで社交の場が山の上にスライドしただけのことではないか。人との比較が始まる。だから歩く時はひとりにかぎる。七人以上になると、孤独はもう分かち合えない。

では、本当にひとりきりで、ほかには誰ひとりいないとなると、どうなるだろうか。まさにその時こそ、周囲の世界が身に迫って感じられてくるのだ。もうほかの人たちという遮蔽幕《しゃへいまく》はない。ソローもそう言っていた。「わたしは朝じゅう、誰かが訪ねてくるまでは、自分はひとりではないと感じていた[14]」（木々や、太陽や、石などの同伴者と共にあったから）。つまるところ、人と会うからこそ、自分はひとりなのだと感じる。人と話をすれば、自分のことを話すことになり、自分と人との違いということにも話が及ぶ。そして、いつのまにか、自分の過去やアイデンティティのようなもの、つまりは誤解と嘘に満ちたものへと送り返される。まるでそんなものが実在でもしているかのように。

だが、山に分け入ってゆくということは、絶え間ない呼びかけを身に受けることだ。あらゆるものが自分に語りかけ、挨拶をよこしてくる。風のそよぎ、虫の声、小川のせせらぎ、土を踏む足の音。自分の存在に、世界がざわめきで応答する。雨すらも。ぱらつく小雨は、絶え間ない伴奏となり、独特の抑揚、輝き、リズムを持ったささやきが聞こえる。石を打つ雨音の少し硬い音、しとしとと降り続く音楽の織物のような雨のカーテン。歩いている時、人はひとりきりではありえない。それくらい、ただ見つめるだけで、多くのものが与えられ、それらを所有することになるのだから。崖の上から見晴るかす時の高揚は何ともいえぬものだ。苦労して岩のてっぺんに登り詰め、腰をおろしてから、ついに風景を見渡してみる。眼下に広がるすべての農地、家々、森、小道。何もかもすべてが自分のもので、自分のためにそこにあるかのようだ。登ってきたことで、それらを手

14 ソロー『ウォールデン 森の生活』

中に収めたのだ。あとはその喜びを味わうだけでよい。世界を手にした者が、孤独など感じるだろうか？　見ること、見下ろすこと、そして見つめることは、所有することだ。しかも、所有にまつわる一切の煩わしさもない。まるで世界を盗んだかのように、その景色を楽しむ。いや、盗んだなどとは言うまい。そこまで登ってくるために、自分で努力したのだから。見晴らすかぎり遠くまで、ずっとはるかな彼方まで、それらはわたしのものだ。わたしはひとりではない。世界はわたしのものであり、わたしのために、わたしと共にある。

　ある賢者の巡礼の物語が伝えられている。賢者は、嵐で空が真っ暗な中、長いこと、同じ一本道を歩き続けていた。谷底には、よく熟した麦畑の区画がひとつ見えた。雑草の生い茂る中、真っ暗な空の下、そこだけが線で引いたようにくっきりとした麦畑で、その完璧な光の四角形がきらきらと風にそよいでいた。巡礼はその様子を愛おしむようにして歩いていた。やがて、一日の仕事を終えた農夫が家に帰ろうとしているところに行き当たった。目を伏せて、こちらに歩いてくる。巡礼は、農夫を呼び止め、その腕を握り、感極まった様子で「ありがとう」とつぶやいた。農夫は眉をひそめて「差し上げられるようなものは何も持っていないのですよ」と言った。巡礼は言った。「何かもらおうと思って礼を言ったのではない。あなたがもう何もかも与えてくれたから、礼を言ったのだ。あなたは心を込めて、あの麦畑の世話をした。あなたがそのように世話をしたから、あの麦畑はあんなにも美しい。あなたはあの小麦がこれから一粒いくらになるかを考えるだろう。わたしは、ここまでの道のりで、もうすでにあの黄金色の美しさを味わわせてもらった」。老いた巡礼はずっと嬉しそうな顔をしていた。農夫は首をかしげ、おかしな男もいたものだなと思いながら、道を続けた。

歩いている時には、ひとりではない。自分を取り巻く自然との通い合いが生まれるからだ。時にはただそれだけを求めて、自然を訪ねることがある。緑のきれいなあの一角、木々の生い茂るあの場所、紫色のあの峡谷。何日も、何週間も、何年もが経過した頃に、もうずいぶんあの場所に行ってないな、と感じる。すっかりご無沙汰してしまったが、また足を運ばなければなるまい。そして、ゆっくりと道をたどってゆくと、土の踏み心地も、山々の連なりも、森の高さも、すべてがよみがえる。古馴染みとの再会だ。

最後にもうひとつ。歩いている時にひとりでないというのは、歩きだしてしまえば、やがて「ふたり」になるからだ。長時間歩く場合には、とくにそうなる。たとえひとりきりだとしても、いや、むしろひとりの時こそ。体と魂との対話がある。ペースが安定してくると、わたしは自分の体を励まし、お世辞を言い、誉めたたえる。わたしを運んでくれるいい脚だ……。馬の首を叩いてねぎらう時のように、自分の腿を叩く。苦しい道が続く時は、体は痛みをしのぎ、魂は体を励ます。さあ、もうあと少しだ、君なら絶対に行ける。歩きだせばこうして必ずやわたしは「ふたり」になる。わたしの体とわたし。夫婦のように、絶え間なく繰り返されるやりとり。魂は体のすることから目を離さない。体のリズムに従い、体と努力を共にする。急な登り坂で足に力を込めると、膝に重さを感じる。ぐっと踏み込んだところで、「よし、いいぞ、行ける」と励ましてやる。魂は体の努力を誇らしく感じるのだ。歩きだしたとたんに、わたしはわたし自身に同伴し、ふたりになる。自分との対話は、夕方まで続き、飽きることはない。歩けばそんなふうに、必ず自分が二重化する。わたしはわたし自身を見つめ、勇気づける。

もちろん、時には、たとえば、あたり一面鉱物しか見えず、岩石に囲まれ、草一本見えないような場所では――高度が高すぎ、土地が硬すぎ、石だらけの道が続いていれば――、わずかな絶望感に包まれ、ひとりぼっちだという感じ、つまりは自分だけが除け者にされているような感じを覚えることもある。空が暗い灰色をしていたりすれば、そのような印象は耐えがたいほどに募ってゆく。喉が詰まり、不安に駆られ、硬い道を飛ぶように駆け抜けてみる。圧《お》し拉《ひし》ぐような岩の沈黙の中では、長時間ひとりで歩き続けることは難しい。呼吸して移動するわたしたちの肉体は、冷たくて、身じろぎもしない鉱物の世界では、生命という名のスキャンダルとなる。雨や霧に見舞われた日にも、どこを歩いているのかわからぬまま、冷えきった肉体がただただ前へと進んでゆくだけのことがある。

# 孤独な歩行者の白昼夢（ルソー）

Les rêves éveillés du marcheur (Rousseau)

**「わたしは、散歩している時でなければなにごともできない。野山がわたしの書斎である。机や紙や本を見るとうんざりしてしまい、仕事の準備を整えるだけでやる気が失せてゆく。腰を据えて書こうとすると、書くことがなくなる。知恵を絞ろうとすると、知恵が奪われるのだ[15]」**

ルソーは、歩いている時でなければ、自分は本当には思考することができず、作曲することも、創作することも、何かひらめきを得ることもできない、と述べている。仕事机や椅子を見ただけで嫌気がさし、気力が萎えてしまう。アイデアが浮かぶのは、長い散歩の途中であり、小道を歩いていると、文章が口をついて出てくる。身体の動きに軽やかに呼応するようにして、想像力が掻き立てられる。

ルソーの歩行には、人生の明け方、正午、暮れ方の三つの時期があった。

一六歳から一九歳まで、ルソーは自分の足で歩いた。情熱あふれる、若き日の長旅。それに続く二〇年間、ルソーはいわゆる「紳士」となり、移動手段はもっぱら馬車、栄光と名声を夢中で追い求める日々が続いた。

**わたしが徒歩旅行をしていたのは、若いときだけであった。それはつねに喜びにあふれたものであった。やがて、義務や仕事や必要な持ち物などのために、「紳士」として振舞うよう**

**になり、馬車に乗らざるをえなくなったのだが、そのとき、心配事や、不都合や、気苦労までが一緒に乗り込んできた。それ以来もう、以前のように、どこかへ「行く」ことの喜びは感じられず、ただ目的地に「着く」必要を感じるばかりになった**[16]。

仮面のかぶり合いのような、芯の疲れる慌ただしい生活を続けた後、四〇歳になってようやく、そんな生活と手を切ることにする。深い瞑想にふけるために、再び森の小径や、湖畔の細道を歩き始める。熊のように、自分を閉ざして。

やがてルソーは、追放者となる。いたるところで追い払われ、好ましからざる人物として、パリでも、ジュネーヴでも、有罪判決が下される。公共の場で著作が焼かれ、投獄の恐れに晒《さら》される。ムーティエでは、石が投げつけられた。あちこちを逃げまどい、彷徨《ほうこう》し、ついには自分の庇護者までをうたぐるようになった。

やがて憎しみが薄れ、強迫観念も疲れと共に沈静化した頃、最後の歩行、人生の黄昏時の『夢想』[17]が始まる。彼は、一日を使い果たすために、延々と野山を歩くことを何よりの喜びとする老人となったのだ。もう何もやり遂げるべきことはなく、信じるべきものもない。ただ、思い出だけ

15 ルソー「我が肖像」
16 ルソー『告白』第二巻
17 【訳注】晩年の著作『孤独な散歩者の夢想』の略称

がある。今はこうして歩くことによって、ただここにあることの単純さに心打たれるだけでよい。どんな希望もなく、どんな期待もなく。

＊

『告白』で描かれている最初の歩行は、幸せで、日の光に包まれた、重大な意味を持つ長旅だった。足代がなく、歩くのが好きだったこともあり、ルソーは相当な道のりを徒歩で踏破している。アヌシーからトリノへ、ゾロトゥルンからパリへ、パリからリヨンへ、そしてリヨンからシャンベリーへ。

ルソーはまだ一六歳になったばかりだった。一七二八年三月のある晩、子供じみた無断外出から戻ってみると、ジュネーヴの城門はすでに閉まっていた。翌日を待って版画工房に戻れば、きっと殴られる。それに、あんなところにはもう嫌気がさしている。そこで、それきり戻らないことを決心する。だが、生活してゆくためには何かしらの支えが必要だ。そこで、サヴォワのカトリックの司祭を訪ねてゆく。司祭は彼に十分な食事を与え、カルヴァン派に生まれついたことを哀れんで、ぜひアヌシーに住むある敬虔な婦人を訪ねるようにと送り出した。彼女ならば、君に真の信仰の道を教え、保護と安寧を与えてくれることだろう。

若きルソーは、道々、どうやってその年上のお目付け役を丸め込めるか考えていた。

そこへ本人が現れた。二八歳の彼女は、優しく穏やかな目、天使のような口元、そしてこの上なく美しい腕をしていた。ヴァランス夫人その人だった。その姿を見たとたん、ルソーは全身が震えるほどの恋情にとらわれた。愛すべき人に出会ってしまった。救いを差し伸べてくれる、魅惑的な天使。だが、残念ながら、彼女に従順であろうとしたがために、ルソーは出会ってまもなく、彼女のもとを去ることになる。イタリアに行き、プロテスタントの信仰を棄て、トリノで改宗してくるようにと送り出されたのだ。必ずやそうして参ります、と約束をすると、ルソーは徒歩で発った。サブラン夫妻が同行者となったが、夫人の歩くペースが遅いため、二〇日もかかった。山々にもまだかなり雪が残っていた。だが、そんなことが何だろうか。一行は、ハンニバルさながら、アルプスを越え、モン・スニ峠を越える……。若さにとっては、すべてが恵みなのだ。

**わたしはもう自分のことを心配していなかった。他の人たちが心配してくれていたからだ。自分を心配するという重荷から解放され、わたしの足取りは軽やかだった。若い欲望、心躍る希望、輝かしい計画がわたしの心を満たしていた**[18]。

約一年後、ルソーはトリノに一週間ほど滞在し、カトリックに改宗する。従者の職を試したのち、

18 ルソー『告白』第二巻

再び庇護者であるヴァランス夫人のもとへと戻る。今回もまた徒歩旅で、偶然の道連れバークルと共に、陽気で気ままな旅となった。ルソーが三度目の旅に出たのは、一七三一年のことだ。スイスのゾロトゥルンにいた時に、親切な人々の勧めによって、パリへと向かった。軍人志望の甥のために家庭教師を探しているという退役した大佐に会いに行くことになった。パリまでの二週間の徒歩旅のあいだ、ルソーは自分が将軍となって、立派な軍隊を栄光に導いている姿を夢見ていた。だが、老将は狭量で吝嗇《りんしょく》な男で、ルソーを搾取するばかりだった。ルソーは逃げ出し、再び徒歩でリヨンまで歩いた。そしてリヨンからシャンベリーまで歩き、「ママン」（ルソーによるヴァランス夫人の呼び名）と再会した。それが最後の徒歩旅となった。

　ヴァランス夫人のそばを離れるやいなや、ルソーはどこを歩いていても、夫人を夢見ていた。あのやわらかな青い瞳、優美な胸元、乳白色の腕。宿屋の扉を開けたら、そこに彼女が立っていないだろうかと思い続けた。幻影でもいい、分身でもいいから、一目会いたい。平坦な道やよく整備された道をずっと歩いている時、あるいは、山肌のつづら折りをくねくねとたどっている時には、人は無数の計画を立て、さまざまな物語を心に思い描く。身体はリズミカルな足取りによって運ばれ、その安らぎが、心に休息を与える。身体が自動的に動くことで、心は解放され、空想の続きを考えたり、物語に自分を投影したりする。そして、幸せな脚が生み出す、穏やかな波のようなリズムに合わせて、空想が展開する。起伏に富んだ山場があり、一件落着したかと思うと、また新たな障害に見舞われる。歩いているのは広い一本道なのに、頭の中では無数の分かれ道が浮かび上がる。心はそのひとつを選び、別の道を諦め、また別の道を選びとる。

**わたしは若く、元気いっぱいで、旅をしていた。旅をするときは、ひとりで、徒歩で旅をしていた。そんな旅のどこがいいのかと、不思議に思われるかもしれないが、わたしの気質を知っていれば、驚きはしないだろう。わたしには、空想物語という甘美な道連れがいたのである。想像力の熱が、徒歩での一人旅のとき以上に、めくるめく物語を作りだすことはなかった。そんなわけで、馬車の空席を勧められたり、道すがら誰かに寄ってこられたりすると、わたしは歩きながら築き上げていた壮大な楼閣を崩されたくなくて、むっとしてしまうのだった**[19]。

そのくらいの年頃では、まだ「愛していた」と言うことはできない。愛はまだ、全身全霊で求められる、未来に属するものだ。だから足が自然と進む。道の果てにはいつでも大いなる愛が待ちうけているはずだから。ルソーはアルプス越えをしていた。峠からの風景や山頂からの崇高な光景は、自分の大胆な野心と重なり合うように見えた。次の山小屋には何が待っているのだろうか？　夕食にはどんな人がいるのだろうか？　すべてが素晴らしい出会いの機会になりうるし、ならなければ

19 ルソー『告白』第四巻

いけなかった。心優しい友人たち、謎めいた女性たち、あやしげな人物、魅力的な策謀家。小さな集落や農場、大きな建物に近づくたびに、何かが起こる予感がした。夜が訪れ、食事の時間がやってくる時には、たとえ宿の女主人が夢見たほど美しくなくても、宿の主人が親しげでなくても、ほとんど気に留めない。身体に巨大な空洞を穿《うが》たれたかのように、胃袋が空っぽになっていて、食べ物を詰め込めるというだけで、身体が喜んでいるのだ。それから数秒後には、眠りに落ち、夢の世界に旅立っている。

一六歳や二〇歳の頃には、軽やかな憧れ以外には、何の荷物も必要ない。思い出だって肩に重くなく、なんだってできるし、なんだってやるべきだ。自分の中で欲望が形をなし、それが実現するかもしれないということに幸福を感じられる。幸せな夜明けの歩み、人生の輝かしい朝の歩み。

**わたしは、かつて、あれほど考えたことも、あれほど存在したことも、あれほど生きたことも、あれほど自分自身であったこともない。そんなふうに言えると思う。つまり、ひとりきりで歩いて旅をしていたときほどには。［……］わたしは全自然を統べる者となって自然を意のままにし、心は目に移るものを次々と移動しながら、好ましいものと溶け合ってひとつになり、魅力的なイメージに包まれ、甘美な感覚で陶然《とうぜん》と**なった[20]。

＊

ルソーは今や四〇歳。ずいぶんと経験も積んできた。ヴェネツィア大使館の書記官を務め、音楽教師となり、百科事典の執筆に参加した……。友達ができ、敵ができ、評判が立ち、その名が広く知れ渡った……。策略を巡らし、文章を書き、交際を重ね、発明をし、栄光を追い求めた。そして突然、もう社交界には出入りしないことに決める。鬘《かつら》を取り、美しい服を脱ぎ、サロンを離れ、もう少しで手が届きそうだった地位も棄てる。粗末な服を着て、音楽の写譜をして生計を立てる。のちに繰り返し語るように、自分以外の誰にも頼らずに生活をしたかったのだ。人々は、彼を新しいディオゲネスだと言い合った。ルソーは啓蒙思想の「犬儒派《キュニコス》」なのだ。とはいえ、社交界との断絶は、鋭利な刃物で切ったようにすっぱりとはいかなかった。ルソーが作曲した曲が王の耳に入り、その魅力に惹かれた王が曲を広めていった。またちょうど同じ頃、ルソーの著作が熱心に読まれるようになり、『学問芸術論』があちこちで話題になっていた。

ルソーが何よりも望んだのは、ひとりきりでいることだった。パリを離れて、森の中を彷徨《ほうこう》したい。彼はすでに、文化や文芸や知識が、人間の頽廃と不幸を推し進めたのだと書いていた。誰もが理性による解放、教育による人格の完成、科学による自由と声をそろえて歌っている中で、ルソーは社会が人間を腐らせていることを証そうとしていた。だが、初めて『学問芸術論』を書いた時、彼は栄光を求めており、まだ彼のすべてが、有名になりたい、認められたい、愛されたい、褒められたいという欲望をわずかに覗かせていた。

四〇歳を過ぎると、ルソーはもう社会的な野心も、華やかな交友関係も、流行やゴシップも、みなすべて過去のものにしてしまう。ルソーはただ、森の小道だけを求めていた。ひとりでいたい、喧噪から遠ざかりたい。毎日のように、自分の社会的な評価を確認する必要がない場所に行きたい。友達を見積もり、敵との関係を調整し、後援者にお世辞を言い、愚かでうぬぼれた人々の目に自分がどの程度の人物として映っているのかを考えなくていい場所、視線で応酬したり、言葉で報復をしたりしなくてよい場所に身を置きたい。どこか、ここから遠い、別の場所に行って、森を散策したい。夜は静かで深みがあり、朝は澄んだ透明なものであってほしい。そこに至るためには、あらゆる人に巧みに嫌われねばならない。ルソーにはそのやり方がわかっていた。もう無理をして駆け回ったり、這いつくばったりしないために、そしてただ歩くために、人生を整えたのだ。

ふたつめの論考『人間の不平等の起源と基盤について』を書いていた時期だった。ルソーは朝になると、サン・ジェルマンの森やブローニュの森に踏み入っていった。一七五三年の一一月は、めずらしいほど天候に恵まれたひと月だったようだ。秋の青空は穏やかで、深く澄んでいた。落ち葉がかすかな音を立て、樹々は金色や赤に染まっていた。ルソーはそこに何をしに通っていたのだろうか？ 歩くため、仕事をするため、発見をするためである。毎日の習慣となった、ひとりきりの、いつまでも続く散歩。どっしりした靴で土を踏みしめ、雑木林の中に迷い込む。樹齢を重ねた大木のあいだを次々と抜けてゆく自分は、今、ひとりきりだ。木々や虫たちの立てるかすかな音、葉むらを揺らす風の音、木々が鳴る音に囲まれ、満ち足りる。ひとりで、心から満たされている。胸に息を吸い込む。呼吸をし、森の小道のような、ゆっくりした幸福感に身をゆだねる。電気の走るような鋭い快楽ではなく、静かで穏やかな幸福。陽だまりのような幸福感。自分がここにいるということが嬉しく、冬の日を頬に感じながら、森の音を聞いている。森の中を進みながら、ルソーは耳を澄ます。世間の刺激に乱されることのない、胸の鼓動が聞こえる。心はその本来のリズムに戻ってきたのだ。ルソーは一日中歩きながら、ふと、遠大すぎる計画を思いつく――自分の中に「ホモ・ヴィアトール(歩く人)」を見いだそうというものだ。書物やサロン以前の、社会や仕事以前の、原初的な人間が、自分の中にもいるはずだ。

歩く、しかし、自分を見つめ直すためではない。自分の個性を確認し、仮面を外してひと息つくためでもない。長く歩くのは、自分の中に原初の人間を感じるため。砂漠に行って孤独に浄化されようとしてのことでもなければ、天命に備えるためでもない。そうではなく、自然の胎内から出たばかりの野生の動物を自らのうちに見いだすためだ。彼は狂おしいばかりに歩き回り、さらに、もっとも遠くまで、人の手が入ったことのない野生へと入り込み、幾度となく自問する。わたしの中で、消えることなく残ってきたものとは何か？　わたしの中のいったい何であれば、これらの老木の峻厳さと同じ時代を生き、そこで身を震わせている臆病な生き物たちの兄弟だと言えるのであろうか？　わたしが身の内に見いだすことのできる自然とは何であり、知識だけではわからないものとは、いったい何なのであろうか？　自然のままの人間の姿をつかまねばならない。森の中を歩けば、社会的な人間という表面に塗られたニスは次第にこすれ落ち、書物の世界では描かれていない未知の人間の肖像が浮かび上がってくる。書物は、遅れてきた人間、文明化され、本性をゆがめられた人間のことしか語らない。ならば、世界から遠く離れた、果てしのない彷徨《ほうこう》によって、木々と動物たちだけを伴侶として、自己のうちに「最初の人間」を再発見しなければならない。

**その日の残りの時間、わたしは森の奥深く入り込み、そこで原初の時代のイメージを探し、見出し、誇らしく思いながらその歴史をたどった。人間の些細な嘘を暴き、彼らの本性を恐れずに暴き、時間と物事の進展がいかに人間の本性をゆがめてきたのかを追っていた。社会的人間と自然のままの人間を比較し、社会的人間が人類の向上と称するものの中にこそ、彼らの苦しみの真の源泉がひそんでいることを示した**[21]。

ルソーはこの探求に身を投じた。いかなる本を読む必要もなく、ただ広大な森の散策を続けるだけでよかった。やがて、原初の人間のおぼろげな影がふるえ、ぴくぴくと息づいているさまを感じ取った。その生まれかけの、淡い影は、たちまち樫の木の陰に見えなくなってしまったが、彼はその幻影を、粗暴で愚昧な、欲望に突き動かされるだけの、暴力と本能の存在とはみなさず、少し臆病で、母のように自分を包み込んでくれる自然と調和した、孤独で幸福な存在と捉えたのだった。

社交界での、人を消耗させる、うわべだけの情熱から解放されたルソーにとって、森の中をひとり歩きながら味わったこのシンプルな幸福は、「静かで無垢な日々」を過ごしていた祖先が味わっていた幸福と同じものであっただろう。その幸福は、世間のばかげた興奮や、虚しい喜びに比べて、限りなく純粋なものだった。

**どれほど多くの哲学や、人文学や、礼儀や、崇高な格言に囲まれているように見えても、それらは欺瞞的で薄っぺらな外観にすぎず、一皮むけば、徳のない名誉、知恵のない理性、幸福のない快楽が出てくるばかりだ**[22]。

人類の歴史とは、発展と戦いの歴史であるが、歩く者の目には、目もくらむような漸次的失墜の歴史のように見える。礼儀と欺瞞を詰め込まれ、悪意と羨望でいっぱいになった文明人こそが本当の野蛮人なのだ。社会には不正と暴力、不平等と貧困が満ちており、警察と軍隊を独占する国家は、ジャングルにも等しい。怨嗟《えんさ》や憎しみ、嫉妬や怨恨《えんこん》に満ちた存在、それが社会的人間である。だが、ひとり歩くルソーは、文化という殻を割って、人間の感情に本来備わった真実を見いだそうとする。

21 ルソー『告白』第三巻
22 ルソー『人間不平等起源論』

するとそこで見いだしたのは、素朴で謙虚な自己への愛情だった。自分を優先するだけのエゴイズムや自己顕示欲とはまったく違う。それは自分をえり好みしているにすぎず、えり好みは愛の反対物だ。人間は、自然状態では、おのずと自己を愛する。だが、社会化された人間は、自己をただ優先するだけだ。

　ひとりになり、木漏れ日によって仮面が溶かされてしまったルソーは、自分の中に、透きとおった湖のような、哀れみの念が湧いてくるのを感じるようにもなる。何時間にもわたる歩行は、喪の悲しみや大きな不幸がそうするように、嫉妬や怨嗟を洗い落としてしまうのだ。それは、かつての敵のふところへと飛び込んでゆくことではない——そのような感傷的な和解は、根深い怨恨《えんこん》とそう異なるものではなく、同じような網の目に囚われている。歩き続けることで生じるのは、もっと別のことだ。他者に対して、とくに何も感じなくなるのだ。悪意のある攻撃心も起こらず、ことさらな親しみも感じない。ただ、苦しい目にあっている人がいれば、力になろうという優しい感情が起こる。朝日を受けた花が花弁を開くように、苦しみを前にすると、おのずと心が開く。何か力になりたい。

**そこで、人間といっても、人間が自分でつくり上げた姿を見ることしか教えない科学書はみな脇におき、人間の魂における、もっとも原初的でもっとも単純な働きについて熟考したところ、理性に先立つふたつの原理があるように思われた。ひとつは、自己の安寧や自己の保**

**存を熱心に求める原理であり、もうひとつは、感覚を持つあらゆる生き物、とりわけ自分と同類の者たちが死んだり苦しんだりするのを見ることに対する自然な嫌悪感を抱かせる原理である**[23]。

したがって、悪意や猜疑心や憎悪は、原初の野生状態から生まれたものではなく、社会という人工の庭から移植されたものであり、以来、着々とその葉を茂らせているのだ。それこそが、歩くことによって得られた重要な発見であった。ひとりきりで、陽光が降り注ぐ小道から見ていると、文明社会は、電気的な幸福やうわべだけの威光に満ち、狂乱だけが本物であるような、はるか遠くに広がる災害のように見えたのだ。

**先入観を払拭して、文明的人間と野生状態の人間を比較してみるがよい。さらに、もし可能なら、文明人というものが、悪意や欲望や困窮のほかに、苦痛や死にまでも至るどれほどの新たな扉を開けてしまったかを、とくと見るがよい**[24]。

23 ルソー『人間不平等起源論』
24 同書

日の暮れ方。ルソーも今や六〇歳を迎えようとしている。追放の身となり、誰からも見捨てられ、どこからも門前払いを受けた。共和制のジュネーヴからも、君主制のフランスからも。イギリスへの亡命も試みたが、そこでも多くの敵をつくってしまった。長いあいだあちこちをさまよい、人目を避けるようになり、いっそ刑務所の独房に入れば、壁に囲まれた安心を得られるのに、と幾度も考えた。それから、ゆっくりと、すべてを打ち捨てて屈服する、あの瞬間がやってきた。最後の「散歩」の始まりだ。ルソーはパリへと戻る。憎しみも、気力もなく。パリの人々はルソーの存在を忘れていて、彼らの関心はすでに他のことへと移っていた。

わたしは『夢想』における彼の散歩について話したい。それはもう、何かを準備するための散歩でも、何か新しいことを言うための機会でもなかった。一七七八年五月から六月にかけて、エルムノンヴィルでルソーは最後の散歩をする。

歩行はもはや方法ではなく、発見のための行為でも、投影的な行為でもない。本当に何のためでもなく、ただ歩くのだ。沈みゆく太陽のリズムで、時間を感じること。ゆるやかな時の流れに歩調を合わせ、深く考えすぎずに日々を刻んでゆくこと。音楽の流れに合わせて、軽く指先を曲げて、テーブルを叩いている時のように。もはや、なにひとつ期待せず、ただ、時が経ってゆくことを受け入れ、朝が満ち潮のようにやってきては、晩の疲れと共に静かに引いてゆくのを感じている。幸福とは「衝撃や中断のない、一定で穏やかな動き[25]」を求めるものだという。まさに歩行そのものではないか。時の歩みに歩調を合わせるのだ。幼い子の歩みに歩調を合わせる時のように。過去の断片がよみがえってくることもあるが、古い友達のように、長い夕暮れの散歩の中に迎え入れることができる。彼らに対しても、自分に対しても、もはや寛容さしかなく、かつてそんな時間を生きたのだということに、ただぼんやりと驚くばかりだ。かつてルソーは、歩行中には、心象や夢想を思うがままにコントロールできたと語っていた。だが、晩年の散歩には、むしろ自己を手放す穏やかさが見られる。そこに自分がいるという、ただそれだけでいいのだ。

思い出というものは、道を歩むうちに、親しい兄弟のような顔つきになってくる。年月を重ねた兄弟のように。そして、わたしたち自身もまた、老兄弟のようになっている。身の回りのすべてのものが、そのような新しい顔つきをまとう。臆病な鳥が警戒している様子を見て寛容になり、緑の葉むらにも寛容になる。世界に対してもう何の期待もせず、静かで何の目的もない散歩をしていると、世界は自らを押し開き、予期せぬ贈り物のように自らを差し出してくれる。これらの木々も、これらの色彩も、あそこで渦を描いている青い煙も、すべてはそっと差し出されている贈り物なのだ。アイデンティティも、歴史も、すべては消費され、終わりを迎え、過去のものとなった。試合終了だ。

25　ルソー『孤独な散歩者の夢想』（第九の散歩）

すべてが世界からのとめどない贈り物であったのだ。一七七八年の春の太陽も、ヴァロワ地方の湖の輝きも、エルムノンヴィルの葉むらのやさしさも。運命の輪はすでに巡り、本は閉じられた。彼はもうルソーである必要もなく、ジャン゠ジャックである必要もない。何かのために存在するのではなく、何かに抗して存在するのでもなく、何者かである必要もない。ただ、木々や石に囲まれて、道の上で、かすかなふるえとして存在するだけでいい。風景の中のひとつの息となって、歩いているだけでいい。その一歩一歩が、生まれてはまた消えてゆく息吹となって、彼の作品を超えてゆく。

**わたしは、心のおもむくままに歩き、気が向いたときに立ち止まるのが好きだ。歩き続ける生活は、わたしに合っている。天気がよい日に、美しい土地を、急がずに歩くこと。そして歩いていった先に、なにか心楽しいものが待っていること。それこそが、あらゆる生き方のなかで、わたしがもっとも好む生き方なのだ**[26]。

26 ルソー『告白』第四巻

# 根本的なもの

Élémentaire

長距離を歩く旅のために、リュックを詰めながら、いつも同じ問いが頭に浮かんでくる。これは本当に必要か？　もちろん問題は重量のことだ。荷物が多すぎれば、歩くことは悪夢となる。だから問いはいつも同じだ。これは本当に役に立つのか？　ぎりぎり最低限のものだけに切りつめねばならない。医薬品、洗面用具、衣類、食料、寝具、どれも考えることはひとつだけ。どこまで余分をそぎ落とし、不要を省けるか。ただ歩くために、ただ生きるために本当に必要なものだけを残す。歩くためには、何が必要だろうか？　寒さと空腹から身を守るためのもの。ふだん時間をつぶすのに持ち歩くようなものは、何の役にも立たない。

ソローが書いている。「時間を殺《つぶ》すことは、今すぐ永遠を傷つけることだ」。わたしたちが歩くのは、時間をつぶすためではなく、時間を迎えるためであり、時間を丁寧に摘み取るためだ。秒は軽やかな花弁だ。退屈をごまかすもの、気を紛らすもの、仕事のためのもの、一日を埋めつくすもの、見せかけのためのものは、どれも重すぎる。選別にあたっては、効果や見た目や快適さやスタイル、社会的な計算が入り込んではならない。歩くことは、一切を剥ぎとられ、身軽になり、浄化された状態で生きることだ。歩く時には、必要なものしか必要でない。

「必要なもの」のさらに下に「根本的なもの《エレメンタル》」がある[27]。これは一種の転倒だ。思い出すのは、セヴェンヌ山脈のふもとにいた時のことだ。頂上まではあと六、七時間、天気は晴れ、崩れてくる見込みもなく、夜の冷え込みもない時期だった。そこでひとつの決断をした。木のくぼみにリュックを置いた。肩にはもう何もない。少しの水とドライフルーツだけ。それで二日間過ごした。この時まず感じたのは、とてつもない身軽さだった。必要なものすら手放してしまったために、もう自分と空のあいだには何もなく、自分と大地のあいだにも何もなかった。

「根本的なもの」とは、存在そのものの充実だ。何も持たない者には、それがすべてなのだ。それは、始原の層であり、その手ごたえを感じられることは、めったにない。なぜなら、それは「最低限必要なもの」すらをも手放してしまった者にしか、与えられないからだ。歩行は、時に、わずかな瞬間であっても、その感触を覚えさせる。通常ならその層に達するためには、もっと暴力的で、危険で、極端な行為が必要なのだが。

ここで、もうひとつ、安心と信頼の違いについても触れておきたい。「安心」とは、立ち向かうために必要なものがそろっている時に与えられるものだ。天気の急変や分かれ道、水場の不在や夜の冷え込みにも対応できる。自分の装備や、経験値や、先を見通す力に頼ることができると感じている。状況を支配し、スキルに満ちた人間には、「落ち着き＝安心」がある。思慮深く、責任感を備えた存在だ。

一方、必要なものすら持たずに歩いてゆくことは、「根本的なもの」に身をまかせてしまうこと

27 ここでいう「必要なもの」と「根本的なもの」の区別は、犬儒（キュニコス）派について議論されるそれとは重ならない。犬儒派は、ふたつの概念をそれぞれ別個に作動させ、そのそれぞれがいかに古典的な二項対立（外観と本質、有用なものと無駄なもの）を瓦解させるかを示す。ここでいう「根本的なもの」とは、主に「必要なもの」を超越するものを指す

だ。そうなると、もうなにひとつ重要なものはなくなり、なにかを推し量り、自己を信頼する必要も消える。ただ、世界の寛大さを信頼しているだけで、それに心が満たされてゆく。なぜなら、それは「他なるもの」に完全に自己をゆだねることであり、自己保存の本能すらも取り払われるからだ。石、空、大地、木々、すべては贈与されたものとなり、汲めども尽きせぬ救いとなる。

信頼とは、自己にゆだねられたものに、自己をゆだねることだ。

# 重力

Gravité

わたしは、あの恩寵の瞬間のことを忘れてしまう。歩いているうちに、自分の体が軽さを実感しはじめるあの恍惚の瞬間だ。

ずっと歩き続けて、疲労がひどくなりすぎると、次第に何も感じなくなる。その時、小道が比較的よく整備され、それほど険しくなければ、視線はもう道を追わず、ものを考えることもなく、足は意識を経由せずに足場を選び始める。しだいに夢の中を歩いているような具合になり、だが、足取りはしっかりとして、スピードが上がる。足は道に吸い込まれ、精神は漂うほど軽やかになる。

走る時に感じる身の軽さは、また別のものだ。走る体は、足が慣れてくると、呼吸のリズムに馴染み、足は道を踏むごとに弾み始める。一歩ごとに飛び立つような感じだ。歩く体の軽さは、筋肉の完璧な緊張を感じる高揚感からくるわけではなく、疲労による精神の離脱、ゆっくりと効いてくる麻酔に近い。走る時の軽さが、重力に対する筋肉の勝利、運動する肉体の絶対的支配の証しだとすると、歩いている時の浮遊感は、地面を踏み続けたことにより、大地と足が一体化し、精神が足の疲れをもう意識しなくなった状態である。

そのような例外的な瞬間を除くと、歩くという体験は、主に重力の体験である。自分の体の重量や自重を意識するだけではない。宿まであと何時間もある時、急坂を上がる時などには、膝が鉄の金床になったかのように重く、一歩ごとに打たれるような独特の感覚を覚える。だが、ここで取り上げたいのは別のことだ。それは、一歩一歩接地する足は、そのつど大地に吸いついているということだ。一歩ごとに体重がかかり、一歩ごとに土にめり込み、また持ち上げられる。そのつど根を張り、また芽吹くのだ。

抽象的な日々を送っている座業の人々のことを考える。キーボードに指を走らせ、「接続」されっぱなしの毎日。だが、いったい何に接続されているのか？　秒単位で変わる情報、流れる映像や数字、図表やグリッド。仕事が終わると、地下鉄や電車の中で、視線は携帯画面に釘付けのまま、指で軽くタッチするだけで画像やメッセージが届き続ける。気がつけばもう日が暮れているが、今日も太陽を見なかったな。さらにテレビがつけられ、またひとつ画面が加わる。いったいわたしたちは、何次元の世界に生きているのだろうか？　こんなにもつるつるの平面だけの宇宙に？

ある道教の賢者が言った。「地面に立った足は、ほんのわずかな空間しか占めていない。人が歩くことができるのは、足が占めていないすべての空間によるものだ」。この言葉が言っているのは、第一に、人はひとところにじっと立ち止まってはいないということだ。立位で静止していることは、人間にとって不安定なことであり、そのうちに足踏みをしたり、足を踏み鳴らしたりしたくなる。歩きだせば、自然なくつろぎがやってきて、リズムが生まれる。足がバランスを見いだすのだ。

荘子はさらにこう言った。足は空間のほんの一部だが、その使命（「歩くこと」）は、世界の空間をつなぐことだ[28]。二本の足は、空間の広さを測るコンパスであり、脚は空間を歩き回る。歩幅がちょうどいい尺度になる。「自分が占めていない空間のおかげで歩くことができる」という荘子

28『荘子著作集』ジャック・レヴィ訳、パリ、アンシクロペディ・デ・ニュイザンス社、二〇〇六年

の言葉は、空っぽの虚無ではなく「空」を意味する。これは、インスピレーションや遊びの創造源となる、潜在力に満ちた無のことである。ちょうど、文字と文字のあいだ、音と音のあいだに隙間があるからこそ、言葉が生きたものとなるように。歩くことは空間に深さを与え、足で歩かれた風景は、呼吸をし始める。

多くの身体活動やスポーツにおいて、喜びは、重力を超越し、重力に打ちかつことから生まれている。スピード、高度、垂直方向に挑戦することには魅力がある。それに対して、歩くことは、重力の試練を受けることであり、地面へと引き寄せられることだ。

走ることから停止への移行は過酷である。わき腹が痛み、汗が雫となり、顔が真っ赤に火照る。体が悲鳴を上げ、これ以上息が続かなくなった時が、立ち止まる時だ。それに対して、歩行の場合には、立ち止まることは、ひとつの達成である。新たな見晴らしを楽しむために足を止め、風景を呼吸する。そしてまた歩きだす時に、何かが途切れていたという感じはしない。歩行には休息との連続性があるのだ。それは、歩行が、重力に背くものではなく、重力を全うするものだからだ。

歩くことは、わたしたちが有限の存在であることを思い出させる。生理的な欲求を持ち、地面から離れることのできない、重い肉体。歩くことは、重力を欺くことでも、人間の存在条件についての幻想を抱くことでもない。それは、重力に身を晒《さら》し続けることによって、重力を遂行することだ。鉛のような体が、一歩ごとに大地へと戻り、そこに安らぎを見いだす。立ったまま死ぬ――屈せずに生きる――ことへの誘いである。

# エネルギー

Énergie

ソローは、『冬の散歩』の中で、寒い季節の歩行者の肖像を描いている。朝、外に出ると、空気がきんと冷えていて、道は雪に覆われ、木々は細く白い腕を伸ばしている。凍てついた綿のような風景の中を歩く人は、身体を温めるために足早になる。寒さの中を歩くことの喜びは、胸の奥に小さな炎が燃えているのを感じることだ。

**大地のふところには、自然の力によって地中に灯《とも》り続け、決して消えたことがなく、どんな寒さでも打ち負かすことのできない一つの火が存在している。〔…〕その地中の火は、ひとりひとりの人間の胸のなかで、祭壇の火となって灯《とも》っている。なるほど、凍りつくような寒い日に、吹きさらしの丘の上にいるとき、歩行者は自分の上着のふくらみに、炉辺で焚かれる火よりもあたたかな、ひとつの火を抱えているものだ。実際、健康な人間は、どの季節にも自分なりに均衡をとる方法を知っており、冬のあいだは、胸のなかに夏を抱いている。そこが南になるのだ**[29]。

歩いている時に最初に感じるエネルギーは、自分自身のエネルギー、つまり、運動する身体のエネルギーだ。力の爆発のようなものではなく、絶え間なく感じられる輻射熱のようなものだ。

ソローはアメリカ・インディアンの知恵に感嘆しているが、彼らは、大地を神聖なものと考えていた。大地に横たわれば身体を休めることができ、大地にじかに座れば、会合の時にもより多くの知恵が得られる。大地との接触を感じながら歩けば、持久力が湧いてくる。大地は活力の源なのだ。大地は母であり、恵みであり、死んだすべての祖先が眠る場所だからだ。土は四大のうちでも、伝承の元素だ。腕を伸ばして天に助けを乞うのではなく、アメリカ先住民は、大地を裸足で歩く。

**［ラコタ・インディアン］は、大地を愛し、大地にあるすべてのものを愛していた。その愛は、歳を重ねるにつれて、ますます深くなるのだった。古老たちは、みな、文字通り大地に魅了され、土の上にじかに座ったり、寝転がったりする時には、そのつど、母なる力に近づくという感覚を覚えていた。皮膚の下で土はやわらかく、彼らは好んで毛皮靴をぬぎ、聖なる大地を裸足で歩いた。彼らのティピは、土の上に建てられ、彼らの祭壇は土で作られていた。空を飛ぶ鳥も、大地に降り立ち、すべての生きるもの、すべての育つものは、ただのひとつの例外もなく、大地に支えられている。大地は慰めをもたらし、力や浄めを与え、病を治す。だからこそ、古老のインディアンたちは、その生命の力から隔離されていることより も、土の上にじかに寝ることを好んでいたのだ。大地にじかに座ったり横たわったりすれば、より深く考え、より激しく感じることができる。そのとき彼らは、よりはっきりと生命の神秘を見つめ、すべての生命力のすぐ近くまできていると感じられるのだ[30]。**

29 ソロー『冬の散歩』

歩くことは、大地に足をあずけることによって、エネルギーを吹き込まれることだ。その力は、単に脚を伝って上へと広がってゆくだけではない。体内と体外のエネルギーの照応によっても伝播してゆく。歩きだしたとたんに、心臓は自らのリズムを求め、血液は豊かに循環し出す。そこに自然界の流れが共鳴する。

心臓と、大地に続く、三つ目のエネルギーの源は、風景である。風景は、歩行者を先へとうながし、力づける。丘の中腹のつづら折りの愛らしさ、真紅と金のスカーフのような秋の葡萄畑の美しさ、くっきりと晴れた夏の空に輝くオリーブの銀色の葉、削り取られた氷河の巨大さ。あらゆる自然の美が、歩く者を力づけ、運び、突き動かし、滋養となる。

30『裸足で聖地を踏んで』に引用されているルーサー・スタンディング・ベアー酋長の言葉

# 憂愁に満ちた彷徨（ネルヴァル）

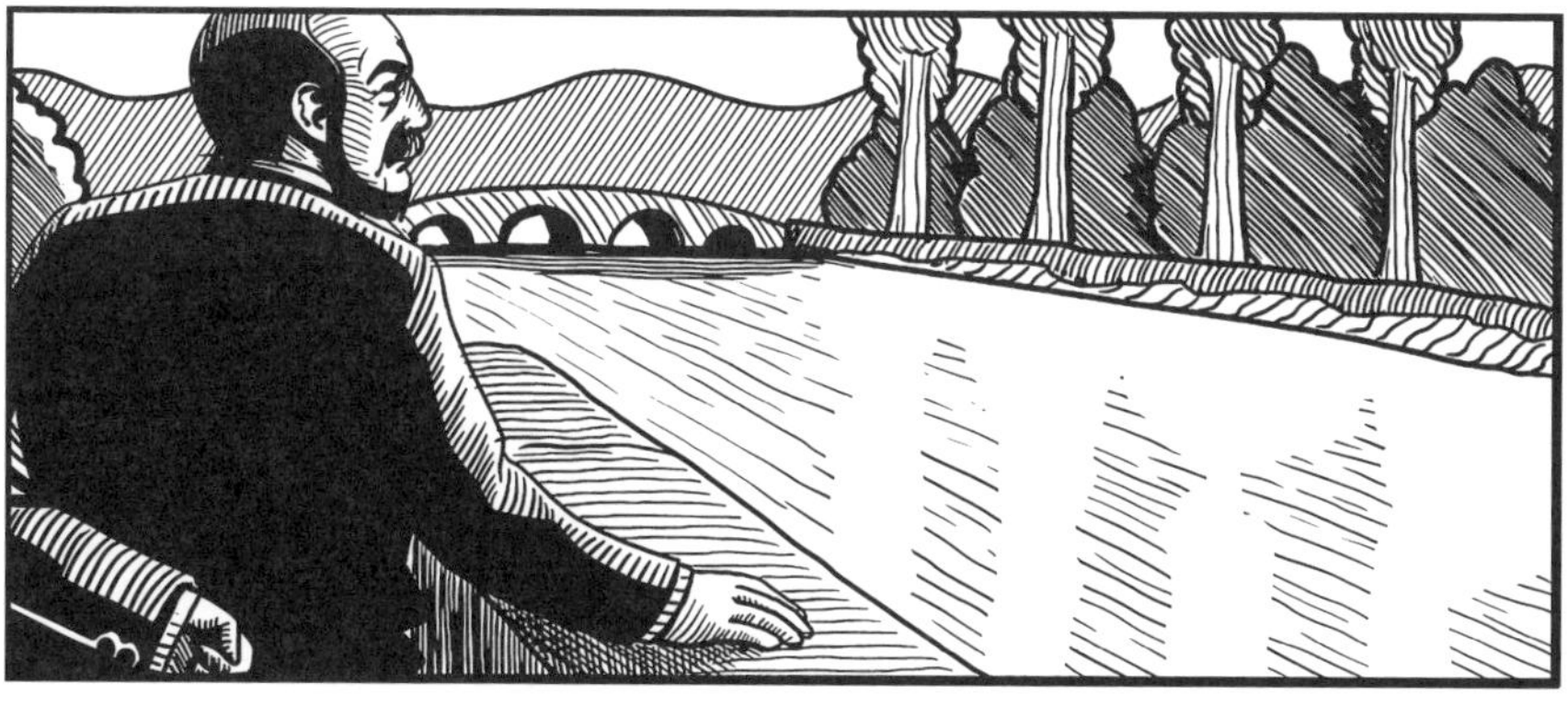

L'errance mélancolique (Nerval)

ネルヴァルの作品には、よく歩行の場面が出てくる。散歩をしながら、思い出にふけったり、空想にふけったり、歌を歌って気を紛らせたりするのだ。

**勇気を出せ！　友よ、勇気を出せ！　村はもうじきだ！　最初の民家を見つけたら、冷たいものでも飲もうじゃないか！**[31]

図書館にこもって長時間の仕事をし――貴重な写本を見つけ出し、ありそうもない系譜図を作成し、断片的な歴史の再構成をする――、根を詰めて執筆する、あるいは単に筆写をする合間に（デュマの言葉を借りるならば「できるはずのない本」をつくろうとして）、数少ない友人宅の訪問と「ただ一人のあの人」（遠くから情熱的に憧れるだけだった女優のジェニ・コロン）の姿をただひたすら見つめるために劇場に通う合間に、ネルヴァルの「散歩」の時間はあった。

ここで話したいのは、彼のドイツ、イギリス、イタリア、オランダへの旅行、さらに足を延ばしての東方旅行（アレクサンドリア、カイロ、ベイルート、コンスタンティノープル）ではない。そうではなく、パリの街路をどこまでも歩いていたネルヴァル、モンマルトルの丘をくだり、レ・アール地区の小道に迷い込んでいたネルヴァルのことを語りたい。エルムノンヴィルの森やモルトフォンテーヌの森、ポン＝タルメの林やサン＝ロランの林の長い散歩、あるいはエーヌ川やテーヴ川のほとりを歩く散歩（そして、もちろんポプラ島にある――「古代的で単純な形をした」

――ジャン＝ジャックの墓を目指して[32]）。ネルヴァルの描く風景には、いつも城館や銃眼で縁取られた塔がそびえ、谷間の緑の中で揺れる赤い木立の固まりが浮かんでいる。樹々また樹々。眠りのように静かで変わらない風景。青みがかった朝の霧は、いたるところに亡霊を浮かび上がらせる。一〇月の夕暮れは古びた金色に輝いている。人は夢の中を歩く時のようにゆっくりと、やすやすと進んでゆく。枯葉がかさりと乾いた音を立てる。

ネルヴァルの作品では、歩くことの中に憂愁《メランコリー》というひとつの意味がある。名前や思い出にまつわるメランコリー、「火の娘」や「散歩」のメランコリー。歩いてゆけば、そのうちに小さな集落に突き当たる。霧に包まれた森を抜けると、秋の光に沈む村にたどり着く。その村の名を夢見たものだった。キュフィ、シャアリ、ロワジー、オティス。その響きの甘美さと物憂さ。おぼろげにふるえる仄明りの中で、ネルヴァルの歩みは心をやさしく揺らし、思い出を波のように揺らす。それゆえ、なんということのない静かな歩行でも、幼年期の悲しみがよみがえってくる。

朝の青色から夕方の橙《だいだい》へとうつろう、ふるえる森の散歩には、激しさも鋭さもなく、悲しみは癒やされない。ネルヴァルの歩行は、元気づけの薬にはならないし、エネルギー源にもならない。歩

31　ネルヴァル『火の娘たち』「アンジェリック」第二の手紙
32　【訳注】エルムノンヴィルにあるポプラ島は、ジャン＝ジャック・ルソーが最後の六週間を過ごし、埋葬された島。その後、ルソーの遺骸はパンテオンへ祀られるが、墓石は残される。ネルヴァルは「シルヴィ」の一節でこの墓を訪問し、亡きルソーに呼びかけている

行は悲しみを消し去りはせず、変形する。子供たちにはよく知られている錬金術だ。悲しみを薄めようと水に身をゆだねるように、どこまでも歩いてゆき、悲しみと共に溺れてゆく。風の中へと悲しみを解き放ち、ただ漂わせる。悲しみにすべてをゆだねる。夢見るような歩行であり、ネルヴァルはやはり孤独な散歩者（ルソーのこと）と似通っている。ネルヴァルにあるのは、ニーチェにおけるような高みに向かう垂直性ではなく（ニーチェにとっては、いつだって自らの運命に登ることが大切だった）、子供の頃の夢に沈み込むような垂直性である。

古いシャンソンの一節がふと口をついて出ることもある。「それはフランドル帰りの騎士でした……[33]」。秋の穏やかな日差しの中を延々と歩いていると、時の流れが曖昧になる。歳月は、どれもこれも似たような顔つきになり、散り散りに、まとまりがなくなり、区別がつかなくなる。昔も、今も、いつも同じかすかな森の音、いつも同じ風の音、いつも同じ陽射しの弱さ。幼年期とは、一昨日のこと、昨日のこと、さっきのこと、今さっきのことなのだ。そこには、ひんやりとした森の小道で薄く溶かしていたあの悲しみが、今も湛《たた》えられている。物思いに沈み込みがちなメランコリーこそが、ネルヴァルのメランコリーだ。ゆっくりと歩いてゆくと、過去の幻影が目を覚ます。わたしのことを理解してくれ、優しげな表情を浮かべてくれる女性たち。やがて、確信がやってくる。自分は、かつて、ただそのようなやわらかな光のためだけに、子供であったのだ。失われた歳月へのノスタルジーではなく、幼年期へのノスタルジーでもなく、幼年期そのものがすでにノスタルジーに満ちていたのだ。過去なきノスタルジーは存在する。子供はその甘美さを知っている。

ヴァロワ地方の自然の中をゆっくりと歩く時のように。

また別のメランコリーもあり、それは『オーレリア』のメランコリーだ。より能動的で、暗鬱で、固定観念に満ちた、時間の終焉という考えに取り憑かれたメランコリー。もう物憂いやさしさに満ちた秋の散歩ではない。熱に浮かされた探求の歩行であり、運命の歩行だ。終末の切迫感がある。一八五四年の夏の終わり以来、ブランシュ医師のクリニックから退院すると（ブランシュ医師はまだネルヴァルが快癒したとはみなしていなかった）、ネルヴァルはただひたすら歩き回った。ホテルの一室で寝泊まりしていたが、そこに戻るのは疲れきった身体を休ませる時のみで、それもほんの少し眠るだけだった。ネルヴァルは歩き、歩き続け、カフェに腰をおろし、飲み物をとり、また歩き始める。あるいは「キャビネ・ド・レクチュール（新聞の読める貸本屋）」で立ち止まり、友達の家に行き、それからまた歩きだす。何かから逃げようとしているのではなく、感じ取った予感を確かめるために、執拗に歩き続ける、幻覚的な歩みだった。

活動的なメランコリーとしての歩み。オーレリアに描かれているのは、そのような歩みの姿であり、それはいたるところで「徴《しるし》」を見いだしてゆく。街を行く狂気の歩行者の興奮。街路は狂気の発作を維持し、悪化させるのに最適だ。いたるところに、ちらっと投げかけられる視線があり、ぎこちなく動く人がいて、音と音がぶつかり合う。馬車の音、鐘の音、大声、舗道に響く足音。歩く

33 ネルヴァル『火の娘たち』「アンジェリック」第十一の手紙

ために は道を切り開かねばならないため、一挙手一投足が戦いとなり、真正の狂気に至る。

一八五五年一月二五日のことを思う。彼の最期の日だ。その日、ネルヴァルは、ついにヴィエイユ＝ランテルヌ通りにたどり着く、あの最後の彷徨《ほうこう》をしていた（そこには首吊りにちょうどいい窓格子があった）。だが「彷徨」と呼ぶのはおそらく当たらない。彼には明確な目的があり、とりつかれたようにそこに向かっていたからだ。彼の足を突き動かしていたのは「オーレリア」であり、自分を呼ぶその星を一目見なければならなかった。

強烈な瞬間、たとえば絶望や陶酔を感じているような時、歩きたいという衝動にかられることがある。外に出たい、家を出たい、その衝動のままに進んでいきたくなるような気持ちだ。大股でずんずんと歩き続けるが、どこに行ってもみんなが自分を見ているような気がしてならない。わたしを取り囲んで、告発しようというのだ。だが、人の群れに逆らってでも、自分と共に、あるいは自分と戦いながら、この群衆を突破しなければならない。錯乱したままでいることを絶え間なく決意するかのような歩み。孤独を勝ち取るための歩み。なにもかもがきらめき、何かを自分に示しているようだ。

ネルヴァルは、ひとつの星が次第に大きくなるのを見ていた。月がいくつもに増えてゆくのを見ていた。歩けば歩くほど、錯乱はひどくなった。歩くと、狂気は形になる。すべてが論理的に感じられる。歩けば、自分の足に運ばれてゆく。そうだ、これでいいのだ。あそこに行かなければならない、ならば、ここから行けばいいのだ。ひとりごとを呟きだす。人は歩くようにしゃべる。すべては真実だ。

「わたしは歩きながら神秘的な頌歌《しょうか》を謳っていた」。メロディーが戻ってくる。そう、これでいい。歩いても、もう思い出はよみがえらない。いたるところに偶然の一致が生まれてくるばかりだ。何を見ても、何かの徴《しるし》にしか見えない。

さあ、ヴィエイユ＝ランテルヌ通りに着いた。真っ暗で、引っ込んだところにあり、たどり着くのが難しく、シャトレ広場から延びるテュリ通りを歩いてゆくうちに、不意にその通りへ行き当たる。道が次第に細くなり、その先は「狭くて、べとべとした、陰気な」階段を降りねばならない。夜更けにそこへ向かうことは、「地獄下りでもするような感じだ」(デュマ)。

正気に返った時の耐えがたい苦しみからの自殺であったのか、錯乱がいよいよ昂ぶった結果の自殺だったのかは、わからない(ネルヴァルは、夜が白く明けそめてから「帽子をかぶったまま」首を吊っているところを発見された、と人の不幸を語る時に筆が冴えがちなデュマが伝えている)。

だが、我々にしたところで、いったいなぜ自分が歩いているのか、わかっているだろうか?

# 歩行狂人

Les fous marcheurs

ネルヴァルの死後何十年も経ってから、インスピレーションに欠けた診断者たちは、彼を「徘徊癖（ドロモマニア）」と呼ぶことになるが（同時期にルソーもまた同様の診断を下された）、それは味気のない論文の中だけのことであり、後世に影響を与えることはなかった。

だが、ちょうどその頃、反復的かつ強迫的な歩行が、ひとつの精神疾患の症候群とみなされるようになっていたことには触れておくべきだろう。

「歩く人」の病理化については、かなり正確に歴史的経過をたどることができる。

まず、一八七五年四月二六日の医学・精神医学会での講演「旅行性または遊走性精神疾患」において、アシル・フォヴィーユが、唐突な旅行衝動や強い移動欲求をひとつの病理だとみなした。アメリカ行きの船の発着港であるル・アーヴルに住んでいたフォヴィーユは、歩行を中心に据えた考察ではなく、単に家にいられなくなるという症状に焦点を当てた。フォヴィーユによる区分は以下のようなものだ。ひとところにじっとしていることができず、歩き回ってやまない痴愚者、目的を欠いた彷徨において妄想を実行に移してしまう痴呆症患者。己の悪しき欲求を満たすために、家を離れて街の悪所へと急ぐ飲酒症者や色情狂たち。だが、「旅行性の精神疾患」の患者たちは、それらの人々の対極にいる。彼らは、妄想を惹起《じやっき》する「リペマニー」（鬱病《メランコリー》を指す古い用語）にかかった状態で、住まいから逃走しているのだとフォヴィーユは主張した。

だが、それも、アルベールが出現するまでの話だった。

アルベール・ダダは、ネルヴァルの死から五年後に生まれた。文字を書けず、読むこともほぼできなかったため、アルベールに関する記録は、彼の症状に関する数々の医学的報告書のみである。それらを読むと、今日では消滅した症状名が、当時のヨーロッパで次々とこしらえられていたことが確認できる。徘徊性自動症（オートマティスム・アンビュラトワール）、徘徊癖（ドロモマニー）、遠方病（ポリオマニー）、自動歩行症状（デテルミニスモ・アンブラトリオ）（イタリア）、放浪衝動（ヴァンダートリープ）（ドイツ）等。

ダダ家は代々、父から息子へと続く心気症《ヒポコンドリー》の家系で、家族全員がガス会社で働いていたが、一八六〇年生まれの息子アルベールは、やがて、当時の医学界の泰斗《たいと》がこぞって研究対象とするある特異な行動を亢進させ、一九世紀の最後の一〇年間でもっとも議論された「症例《ケース》」のひとつとなる。アルベールは、定期的に、突然の発作に襲われた。そのままコントロールが利かない忘我の状態に入ったかと思うと、突然何もかもすべて中断して、歩きださずにはいられなくなった。そして、たった一日のうちに、そのまま三〇キロ、六〇キロと歩き続け、それが何日も続いた。

やがて、ハッと気づく瞬間がやってくるが、その時になって初めて、自分はいったいどこにいるのかと驚愕する。アルベールは、医師との面談の際に、そのような場所に「自分がいたのを見つけた」「自分がまたいたのを見つけた」という表現をたびたび使っている[34]。

会話の中でどこかの町の名や、国の名が発されているのを耳にするだけで、彼の発作が起こるには十分だった。どこかのモニュメントや広場が称賛されているのを聞いただけで、その後数日間は、暗い顔をして、悲しげになり、激しい頭痛や下半身の震えに襲われる。四日目の朝には、もう姿を消している。二日後、三日後、一〇日後、彼は自宅からずっと離れたどこかにおり、そんな場所に自分がいることに心底びっくりしながら、悲嘆にくれるのだ。

**数カ月のあいだはなにもかもが順調だったんですが、ある日、バルブズィウに自分がいたんです。それからまたガス工場に戻り、いつものように、本当にまじめに働いていたんですが、三カ月くらいしたら、ある日、また、まるきり見たこともない広場の真ん中に自分がいたんです。ここはどこですかと聞いてまわったら、ポーの市庁舎前広場だということでした。**

どうやってそこまで歩いてきたのか、途中の日々については、一切記憶がない。本当に覚えていないのかとしつこく尋ねてみても、そこだけぽっかりと穴があいたように真っ白なのだ。何もわからない。しかし、身だしなみはきちんとしている。ということは、道中で人に会ったり、食べ物を見つけたり、寝場所を確保したり、身体を洗ったりはしてきたに違いないのだ。なのに、何一つ思い出せない（病院で催眠術にかけられた時には、道中の出来事について語っており、その際には、

34【訳注】原文« je me trouve »« me retrouve »は、一般的にはêtre（いる・ある）とほぼ等価の表現だが、ここでは文字通り「自分で自分を発見する／再発見する」の意味になっている。記憶が飛んだのち我に返った体験が言葉使いにも表れていたということ

どんな道を通り、どんな人々に会ったのかを詳細にわたって説明できていた)。彼はただ自分の境遇を嘆きつつ、状態に応じて、小さな仕事を見つけ、帰りの路銀を稼ぐと、再び手にした身分証明書と共に、また家に帰ってゆく。

そしてまたある日、また別の町の名前や別の村の名前を誰かが発するのを耳にする。そうなるともう、避けがたく、あの夢うつつの状態に落ち込んでしまうのだ。

そうしたすべてが始まったのは、彼が一二歳の時だった。アルベールは玄関前でぶらぶらとしていたが、不意に、足早に歩きだした。道行く人に何か聞かれると、そのつど、うつろな声で、「アルカション」とつぶやく。慌ててアルベールの兄が迎えに来る。兄がポンと肩を叩くと、アルベールはハタと自分が傘売りの手伝いをしていることに気がついた。

同じようなことが一〇年以上にわたって繰り返され、しかもそのたびに、踏破距離がとんでもないことになっていった。ブリュッセルまで、アルジェまで、コンスタンティノープルまで、ウィーンまで……。行き着いた先が外国だった場合、話はいっそうややこしくなった。身分証は決まって失くしてしまっているので、まず留置所に入れられる。フランス領事館に助けを求めて、ようやく家族に手紙が送られるといった有様だった。モスクワに着いた時には、陰謀を企む虚無主義者《ニヒリスト》に間違えられ、シベリアに送ってやることもできると脅されたが、それを聞いたアルベールは、たちまち目を輝かせた。どんなに大胆な夢の中でも、まさかそれほど「遠く」まで行けるとは思ってもみなかったからである。その後、二〇世紀の初め頃(特異な「症例」だと診断され、ボルドーの病院にしばらく入院したが、治ることはなかった）、ベルリンの医者たちによって「ティシエの患者」として知られるようになった。一九〇七年、死去。

アルベールの死後、「徘徊癖（ドロモマニー）」に関する診断は廃れていった。他の症例と同じく、医学界の好奇心をそそる一風変わった事例となって、忘れられたのだ。

自宅に戻ってから症状が出ていないあいだは、アルベールはしごく良心的で、真面目で、内気で、礼儀正しい、隣人にも親切な男だった。

アルベールが最初に入院したのは、ボルドーのサン・タンドレ病院だった。一八八六年五月三日、主治医はピートル医師。フィリップ・オーギュスト・ティシエという名のインターンが、アルベールの人物像に強く惹かれ、四年間アルベールを診る。一八八七年二月一六日、ティシエは「旅行性精神疾患」についての学説を発表する。かつてのフォヴィーユと同様に、ティシエもまた、類似の疾患を区分したが、旅行性疾患はそれらとは似て非なるものと見ていた。だが、ティシエはさらに革新的な見解を提示した。ティシエが注目したのは、発作的ではあるが、常に意識のある状態でなされていた「出発」ではなかった。出発もまた、たしかに妄想状態で行なわれ、ひとたび発症すると、そのまま船だの鉄道だのに乗り込んで大変なことになるが、まだ「意識」は保たれている。ティシエは、そうした出発の衝動と、記憶や意識の喪失とを別々に考えようとした。歩行患者たちを、ひとまず「痴呆性」「痙攣《けいれん》性」「幻覚性」と区分したうえで、「夢中《キャプティヴェ》性」歩行者のみを自分の対象としたのである。

「夢中性歩行者」「旅行性精神疾患者」としてアルベールの症例は詳細に記述され、ヨーロッパの医学界に知られるようになる。翌年には、サルペトリエール病院でシャルコーが「徘徊性自動症」のケースを報告している。まもなく、西はマルセイユ、東はモスクワ、南はミラノから、北はロンドンまで、欧州各地の路上において、次から次へと夢中性歩行者の症例が発見される。

しかし、なぜ徒歩での長距離移動がこの時期に病理化されるようになったのだろうか。まずは、歴史的な背景を考えてみたい。ちょうどこの時期に、浮浪は「犯罪」とみなされるようになっていた。「トリマルドゥール〔街道（トリマール）づたいに町から町へと渡り歩く労働者〕」や「シュミノ〔街道（シュマン）を移動しながら、物乞いやかっぱらいや小銭稼ぎなどをして生きている放浪者〕」など、どこかから徒歩でやってくる者たちは、警察やまっとうな定住者たちからは、疑いの目で見られていた。彼らは、かっぱらいや公序良俗を乱す山師だと決めつけられ、捕まえて壁の中に閉じ込めておけば安心だと考えられていた。

だが、ティシエやシャルコーは、医学の名を借りた、警察による陰の抑圧に加担するつもりはなかった。むしろ、医師たちは、医学的な介入によって、少なくとも、特定の歩行者のカテゴリーの無実を証明し、牢獄や徒刑所から救い出そうとしていた。彼らは泥棒でも、犯罪者でもない、ただ、足を動かさずにはいられない精神疾患を患っているにすぎない。ちょうど、てんかん患者に罪がないのと同じことだ。

医師たちにとっての課題は、そうした遁走行為の要因のうち、どこまでが神経生理学の分野にあたるのかを見極めることであった。これは癲癇《てんかん》なのか？　それともヒステリーなのか？　無意識の状態をどう理解すればよいのか？　麻痺なのか、あるいは茫然自失なのか？　こうして彼らは、厳密な神経生理学の領域を超え、「さまよえるユダヤ人」の神話を世俗化するに至る。曰く、アハスヴェルス（さまよえるユダヤ人）は、まさに「旅行性精神疾患」だったのだ。

あまり注目される点ではないが、アルベールや徘徊癖のある患者には、情動の激しさも作用している。アルベールは、昔からいつでも、旅行の話に目がなかったし、街々の名前を耳にするだけで、夢見るような顔をしていた。定期的に建築やモニュメントについての詳細な話を聴きたがっていた。そのくせアルベールは、何日も何日も、時には何週間にもわたって忘我の状態で歩き続けたあげく、ひとたび現地にたどり着いてしまうと、なんの感動も覚えないのであった。しばしば自分がどこにいるのかもわからず、自分が目にしているものが「あれ」だということもわからない。ただ愕然《がくぜん》としていた。それは、もうすべてを見尽くしてしまっていたからだ。到着するまでの道中、彼は、ひとり高揚して想像力を投影し、もうすべてを訪ねきってしまっていた。

アルベールは、どんな時でも、歩いてさえいれば、そこからエネルギーを得ることができた。主治医の記録には次のようなものがある。

**八月九日。アルベールは、六四キロほどのちょっとした散歩ができたことをひどく喜ぶ。「でも、ちょっと短かったな」と感想を述べる。陽気さが戻り、頭痛がなくなる。**

歩くことはアルベールを幸せにし、夢の世界に直接に触れさせた。歩いてゆくと、目の前に次々とイメージが広がる。道中、ずっと。彼もまた、ランボーのように高らかに歌うことができただろう。「ああ、ぼくはなんという、壮麗な街を夢見たか!」。アルベールは一歩ごとにイメージを呼び覚まし、歩きながらそれを広げていった。歩くことで、わたしたちの夢は形を持つようになる。寝転んでじっとしていると、夢想は陰鬱になりやすい。だが、歩いていると、夢想は現実そのものとなる。一歩ごとに、靴が砂埃《すなぼこり》を巻き上げ、砂埃には日光が射し、その光の中で、大いなる幻が、生き生きと踊り始めるのだ。

# 沈黙／静寂《サイレンス》

Silences

## 「私はしばしば、自分の出会う人よりもその人が破る沈黙から、より多くを学ぶ[35]」

いろいろな孤独があるように、いろいろな静寂がある。

歩く時は、いつも静かだ。もちろん、最初に感じるのは——街や、車道や、公共スペース、つまり、無数の足音や、混沌としたかけ声や叫び声、人の話し声や囁《ささや》き声、がなり立てる車のモーター音、そんなスピードや衝撃性を備えたすべてのものから遠く離れたことによる——静かだな、という感覚、濁りのない静寂である。一切が穏やかで、注意深く、安らいでいる。世間の喧噪や、雑然とした声、無駄話とは手を切ってきた。歩くこと、それはまず、耳に深呼吸をさせてやることだ。歩く者は、その静けさを、雲を吹きはらう大風のようなものとして受け止める。

森の静寂もある。立ち並ぶ木々の厚みが、自分を取り巻く不確かな壁となる。引かれた道の上を歩く。曲がりくねった小道をたどっていると、すぐに方向感覚を失う。どこか不安げな静寂。

あるいはまた、夏の午後、苦しい行程を進む時の静寂もある。容赦なく照り付ける太陽のもと、石だらけの道、山の岩壁を歩いてゆく。鉱物のような、圧倒的な、張り裂けんばかりの静寂。聞こえるものはただ、石の軋む小さな音だけ。透きとおった死のような、仮借ない静寂。一点の曇りもない青空。うつむいて、口の中でなにごとかを呟き、自分を安心させる。雲ひとつない青空と石灰岩の白さが、圧倒的な存在感で押し寄せてくる。綿密《めんみつ》な直線で引かれたような静寂。なにひとつ、はみ出すものがない。静けさが充満する。じっと動かない石までが、弓のように張り詰めている。

あるいはまた、早朝の静けさがある。秋の日に長い距離を行くなら、ごく早い時間に出発しなければならない。外はまだ菫《すみれ》色に沈み、紅い葉むらの下を朝日が低く渡っている。空気が耳を澄ましている。だから、音を立てすぎないように、まだ青い夜に身を包まれながら、そうっと足を運ぶ。何かの目を覚ましてしまうのがこわいくらいだ。すべてが小さなささやきを立てている。

雪の中を歩く時の静寂もある。白い空の下、雪を踏むかすかな足音。動くものはなにひとつない。ものも、時間も、氷に閉ざされ、しんとしずもっている。世界はひとつになり、やわらかく包まれている。待機状態の静けさだ。

さらにまた、夜の静けさもある。山小屋が遠すぎて、野宿をすることになれば、適当な場所を見つけ、体を温め、食事をし、すぐに眠りにつく。ところが、数時間眠ったのち、夜半に不意に目を覚ます。ふっと目を見開く。だが、何に眠りを破られたのだろうか。静寂そのものの音に?

スティーヴンソンは「松林での一夜[36]」という章で、この覚醒現象について述べている。彼の説によると、それは朝の二時ごろに訪れるもので、戸外で眠る生きとし生けるものはみな、同時刻にその訪れを迎えるのだ。スティーヴンソンはそれをひそやかな宇宙の神秘だと考え、地球の内奥のふるえが、我々の体に伝わっている証しだというのだ。夜の進みが、その一瞬だけ速くなり、天体から見えない夜露が降りてくるのかもしれない。身をふるわせるようなその一瞬、静寂が楽音と

35 ソロー『日記』
36 スティーヴンソン『旅は驢馬をつれて』

なって耳朶《じだ》を打ち、目を上げると、星々の音が聞こえる。
歩く時に「静けさ」と呼ばれているものは、決して単なるおしゃべりの終わりではない。あの耳ざわりで、他の音をさえぎる雑音がないという以上のものなのだ。
それは何よりもまず、言語の消失である。仕事、娯楽、生産と消費の世界では、すべてがなんらかの機能を持ち、ひとつひとつのものがことごとく位置付けられ、名前を与えられている。わたしたちの言語は、人工的につくられたものの輪郭に沿い、予測可能な振る舞い、規格化された行動、学習された態度などによって切り分けられている。数値とバランスシートの言語であり、スローガンや命令の言葉、統括し、決定し、報告し、規定する言葉だ。歩いてゆくうちに、そんな契約書のような言語は、使い道を失ってゆく。

**人は、話し始める前に、まず「見る」べきだ**[37]。

歩く人が失わない唯一の言葉は、ほとんど意味のないものばかりだ（「さあ、さあ、さあ」「まあ、そんなもんだ」「そうだね、うん」「そう、そう」）。瞬間から瞬間へと渡される飾り帯《ガーランド》のような言葉であり、何を言うわけでもないが、静寂に句読点をうち、静寂の間《ま》を取るような言葉だ。

37 ソロー『日記』

永
遠

Éternités

いつかは「ニュース」なしで過ごせる日が来なければなるまい。新聞を読むことで、わたしたちはそれまで知らなかったことを知ることになる。結局のところ、わたしたちが追い求めているものはそれなのだ。なにか新しいこと[38]。けれども、「知らなかったこと」というのは、もっとも早く「忘れてしまうもの」でもある。なぜなら、ひとたび知った後は、まだ知らぬこと——明日また届く次なるもの——のために、場所を譲らねばならないからだ。新聞にはいかなる記憶もない。ひとつの「ニュース」が別のニュースを追いやり、ひとつの出来事が別の出来事を押しのけ、押しのけられたものは痕跡も残さずに消える。噂は膨らんでは消え、「そうらしい」話が次々と続く。

　歩き始めると、ニュースはどうでもよくなる。長い旅で、何日も、何週間も歩き続けていると、世界の趨勢《すうせい》、最新の急変、直近の出来事などはすっかりわからなくなる。「最近のニュースを知っているか」という問いは重要でなくなるのだ。不変のものと向き合うことによって、わたしたちを囚えていた儚いニュースから解放される。ただ遠くまで、長く歩くだけで、どうしてあのようなものにあれほど関心を持っていたのかと、自問するようにすらなる。自然のゆったりした呼吸の中で、毎日のあの息切れは病的な焦燥だったのだと気づかされるのだ。

　最初に出会う「永遠」は、石の永遠、平原のそよぎ、そして地平線である。なにものにも屈せずに変わらないものだ。それら確固たる存在と向き合っていると、ニュースのような些細な事柄は、風に吹かれる塵《ちり》のごときものと思える。眼前には、その場に静止しながらふるえている「永遠」があるからだ。歩くことは、噂や愚痴を黙らせ、他人や自分自身についての心の声を静めてくれる。

苦々しい恨みや、愚かな慢心、安易な復讐心を掻き立てる心の声が静かに消されてゆく。わたしはこの山の前にいて、大きな木々のあいだを歩いている。これらはここにあり、わたしが想像していたよりもはるかに見事だ。これらは、わたしの前からずっとここにあり、わたしの後にもずっとここにあるだろう。

歩く者はやがて、仕事に忙殺され、タスクのとりこになることをやめる。仕事をし、キャリアの機会を逃すまいと気を抜かず、人のものを自分のものにしたくなり、スピードアップをはかり、人がどうしているのかを気にかける。いつも、いつも、そうやって何かをしているけれど、存在はしているのだろうか？　もっとよいこと、もっと急ぎのこと、もっと「する」べきことのために、「存在」することは後回しにされがちだ。そのトンネルに出口はない。それが「人生」と呼ばれている。休憩のひとときにすら、その執着のしるしが刻まれている。過剰なスポーツ、刺激的な娯楽、出費のかさむパーティー、ハイパフォーマンスな夜、高額なヴァカンス。

歩いている時には、何もしない。だが、歩くこと以外には何もしなくてよいので、存在することの純粋な感覚がよみがえってくる。子供時代を満たしていた、ただそこにあることの幸福。歩くことで、幼年時代に感じていた永遠の時の流れに、再び身をひたす。今日という日の天気、木々の

38【訳注】英語のnewsが「新しいnew」の複数形であるのと同じく、フランス語でも形容詞「新しい」の複数形nouvellesが「ニュース」という名詞として使われることを踏まえている

大きさに心を奪われ、空の青さに目をみはる。どんな経験も、どんなスキルも必要でない。だから、あまりに歩きすぎる人々や、むやみに長距離を行く人たちには気をつけよう。彼らはすでにすべてを見ていて、比較ばかりしている。永遠の子供は、決して比較しない。こんなに美しいものは一度も見たことがないと毎回言うだろう。こうして何日間も、何週間も歩き続ける時、わたしたちから遠のいていくのは、職業や隣人、用事や習慣、厄介事だけではない。複雑なアイデンティティや、自分の顔、仮面すらも剥がれ落ちていく。これまでに得てきた知識も、読んできた本も、どんな重要人物と知り合いでも、役に立たない。二本の足さえあれば十分で、あとは目を大きくあけて、見るだけでいいのだから。丘のつらなりや、新芽の芽吹きにとって、我々はなにものでもない。立場も、地位も、自分がどんな人間かということすらも意味を失う。ただ石の尖り具合や、草の感触、風の快さだけを知覚する身体となる。歩く者の世界には、現在も未来もない。ただ朝がやってきて、夜がやってくる。その繰り返し。過去もなく、計画もない。歩きながら、ただ目をみはる。七月の夕べの光に浮かぶ石の青さ、正午のオリーヴの葉の銀色の輝き、茜色に染まる朝の峰々。自分の中には、永遠の子供がいる。

**森のなかにいると、人は蛇が古い皮を脱ぐようにして、それまでの歳月を脱ぎ捨てる。そして、その時、それが人生のどの時期であろうとも、人は子どものままでいられる。森の中では、永遠の若さを見出せるのだ［…］。森にいると、自分には何ごとも起こりはしない、と**

**感じられる。どんな不運も、どんな不幸も、わたしの目が見えるかぎり、自然が修復してくれるであろうから。剥き出しの大地に立ち、喜びに満ちた大気の中に頭を浸し、無限の空間の中に身を委ねていると、小さな自我は消えてゆく。私は透明な瞳となり、無となって、すべてを見つめている**[39]。

自然はわたしたちを揺さぶり、大人の悪夢から目を覚まさせる。

そしてついに、最後の、おそらくは調和の永遠がある。車に乗って、過ぎゆく風景を眺めていることがある。山の純粋な稜線を見つめ、砂漠や森を抜けて運ばれてゆく。時々、車を降りて休憩し、数歩歩いて、数枚の写真を撮る。誰かが木の名前や植物の効能、地形について教えてくれる。

だが、歩く時は、山の高さや丘の形は、肌を通して浸み込んでくる。体は踏みしめている土によって捏《こ》ねられ、やがて風景の中にあるものではなく、風景そのものとなる。それは、単に体が風景に加えられる曲線や線の一部になるということではない。体の中で、不意に、風景との関係が輝きだすのだ。まるで瞬間が弾け、突然火がついたように、時間が炎となって燃え上がる。永遠とは、不意に、存在《いま》がふるえだすことだ。一瞬の火花のように。

39 エマソン『自然』

# 道を撫でる

La caresse des chemins

歩行と哲学の関係について論じるならば、メタファー（たとえば「道」や「行き方」）や、固有名詞（ニーチェ、ソロー）や、スタイルの問題（「遅さ」や「道を外れる」など）を取り上げることができる。だが、ここで考えてみたいのは、歩行と哲学のあいだにある、より深い親縁性だ。両者は、ものごとを「知る」時の流儀《モード》が似ているのだ。

というのも、歩く者とは、風景を「知る」者だからだ。

プラトンの第七書簡は、ディオンの友人たちに宛てられている。ディオンは、シラクサの僭主《せんしゅ》を哲学に改宗させるため、シチリアに赴くようにとプラトンを説得した若者だ。ディオン曰く、哲学は雲やカスミのたぐいではないし、思弁に終始するばかりのどこか遠くにある営みでもない。哲学は、ついには人間の変革に関わるべきものだ。王が哲人ならば、善政は約束されるだろう。

プラトンによるシラクサ遠征は二度までも試みられるが、いずれも失敗に終わる。プラトンは投獄され、追放される。彼が第七の書簡を書いたのは、ディオンが政治的陰謀の犠牲となって命を落とした後のことであり、シラクサでの惨憺《さんたん》たる体験について総括をしたものだ。

ある瞬間に、とプラトンは書く。ある瞬間に、自分は悟ったのだ。どんなに努力をしても、僭主ディオニュシウスが哲学をまったく理解しようとしないことを。その瞬間とは、最初の対話が終わった後、僭主が「わかった」と言い、もう十分理解したと言って話を締めくくった時のことだった。だが、最悪の事態はその後に起こった。僭主はさっそく筆をとり――それもたいそう誇らしげに――哲学の著作を書くという行動に出たのだった。

あたかも、哲学において重要なのは「そのこと」、つまり本を書くことであるかのように。この僭主の滑稽《こっけい》さは、パノラマで撮ったデジタルの風景を見せながら「ほら、行ってきたんだ!」と叫ぶ人たちの滑稽さに似ている。あたかも、哲学のリアリティが、書かれた言説や、カタログ化され、分類され、並べられた本の中に収まるかのように。あたかも、風景の現実が、クリックひとつで呼び出せる電子ファイルの中に収められるかのように。

プラトンは、同じ第七書簡の中で、次のような階梯《かいてい》を提示している。プラトンは幾何学の例を用いているが(「円」を取り上げている)、わたしは地理の例を用いながら、この階梯をたどってみたい。第一の段階は、とプラトンは書いている。名前である。「エグアル山を知っていますか?」「ええ、まあ、名前だけは」。これが一番低い段階にあたる。わたしは物と名前を結びつけられるだけだ。「フランス南部の高峰ですね」ということになると、二段目に入る。つまり、定義だ。この二段目においては、わたしはより正確で、より具体的になっている。「中央山塊《マッシフ・サントラル》の高峰で、標高一五六七メートル。セヴェンヌ国立公園の中央に位置している」。三段目は、イメージの段階だ。可視の世界が開かれ、存在が照らし出される。どっしりとした塔を備えたエグアル気象天文台の姿や、緑や黄色の色調、花崗岩の様子などが目に浮かぶ。さまざまな形、さまざまな色。そして第四の段階が、実証的な知の段階だ。たとえば地質学的な知識があれば、石灰岩の岩盤に囲まれて、例外的に中世代に形成された花崗岩の塊があることに打たれる。あるいは歴史的な知識があれば、一九世紀に植林された斜面について理解でき、地理学の知識があれば、なぜそこに冷たい風が吹くのかがわかるだろう。

知識とは、固定された、堅固なものだ。それらは本の中に収められている。専門家によって鑑定済みで、真実と誤謬、おおざっぱなものと正確なものとを選り分けることができる。記憶があやしくなった時にも、人は知識に立ち戻ることができる。真実にはしかるべき座が与えられ、丁重に遇されている。学問知《サイエンス》の段階だ。

そこで足を止めてもかまわないし、そうすべきなのかもしれない。実際、科学（エピステーメー）も預かり知らぬどんなことを、なおも知りたいというのだろうか。ところが、もし哲学というものが存在するならば、そこでは、何か別のタイプの知が求められているのだ。それは、より高いところにある知ではなく（上から見下ろすようなものでも、直観的な知でも、超越的な知でもない）、体得される知なのだ、とプラトンは書いている。それは、繰り返される摩擦や、共にあり続けること、自分とは違うモードのものとつきあいを重ねることによって獲得される知である。


**セヴェンヌ地方を歩いていた彼女は、少なくとも二日前から、エグアル山のゆるやかな稜線を遠くに見ていた。山に近づくにつれ、光が移り変わり、天候が変わると、山の色や形も変わるのを見た。山は灰色、濃い緑、紫色になり、夕方にはオレンジ色にすらなった。彼女はエニシダのあざやかな黄色に染められ、その芳香を胸に吸い込み、ナラやブナや栗の木の緑色に満たされていた。一歩、また一歩と踏み出すごとに、全身に地面の振動が伝わってく**

**る。そして、ついに「四千段の道[40]」のふもとにたどり着いた。そこから先は、登れば登るほど木が少なくなり、ひねこびた藪や、節だらけの枝のねじまがった木ばかりになる。そしてとうとう、吹きさらしの高原にたどり着く。長い草が強風に押し倒され、薄茶色の絨毯のようになっている。花崗岩の彫刻群が感嘆符のように伸びている。岩々が歓声を上げる。**

**「やったな！」**

**自分を取り巻いてふるえている山々の交響曲を、彼女は魂の奥底まで吸い込む。三、四日の歩行で、彼女は体中に、その筋肉にも、血にも、色、香、形、大地のでこぼこなど、自然の元基をあますところなく集めたのだ。そして自分自身もまた、エグアル山という存在を形づくる、ひとつの褶曲《しわ》となったのだ。**

哲学者もまた、問いや概念と向き合っている時には、このような状態になっている。正義、魂、自由、そうしたものが風景となるのだ。哲学者は、その中に住まう。人々の問いに、別の人々の答えに、万人の話す言葉に、自分の魂を擦り合わせる。ぐるぐると周辺を回り、よじ登り、足場にし、登ってはまた降りてゆく。時には立ち止まり、あるいは迂回し、もう一度戻ってゆく。その問いが真の問いであるならば、そこに出口はなく、道には終わりがない。別の十字路に出くわすばかりだ。その十字路にはまた別の問いが控えており、新たな道が延びている。求められているのは、時間をかけて探索すること、ゆっくり歩いて通ることだ。そこに住まい、幾度も帰ってゆくこと。真の問いを問い終えてしまうことなどありえないのだから。

プラトンはランプの喩えを用いている。ランプを灯すためには、よそから火を持ってこなければならない。その火花、それが書物である。定期的に書物に親しむことでもたらされるのは、知識を蓄積する能力ではない。知識は真理の財宝かなにかのように、本を読むたびに（知識をひとつひとつ「獲得」することによって）増やしたり、蓄えたりできるものではないからだ。本に親しむことで可能になるのは、自らを燃料として自らを完成させてゆくことだ。その時期がくれば、とプラトンは言う、炎がランプの油を燃料にするように、思考は魂を燃料にして燃え上がり始める。そうなればもう、ひっきりなしに灯芯に着火してやる必要はなく、炎はいつまでも明るく輝いている。思考が魂を燃料にできるようになったからだ。そうなれば、もう書物を取り去っても、哲学の火は消えない。

歩く者は、実は決して風景を「前」にしていない。ツーリストとはわけが違うからだ。ツーリストは大急ぎでやってきて、車から飛び降りたかと思うと、あたりを見渡し、目印を見つけ、評価し、写真に収めると、自分が「確保《ゲット》」したものと共に立ち去ってゆく。「わたしはそこに行った、見た、証拠もある」というわけだが、その証拠なるものとは、すでに死んだ痕跡、何ピクセルかの計測可

40【訳注】ヴァルローグ村からエグアル気象天文台まで9キロ半ほどの伝説的なコース。階段状の部分は登り口のヴァルローグのみだが「四千段の道」と呼ばれている

能なものにすぎない。

歩く人は、その反対に、風景を包み込み、風景に包み込まれている。折り重なるひだのように、互いに入り組んでいる。実のところ、彼はそれほど風景を見ていない。ただ風景を吸い込み、風景を吐き出し、一歩ごとに、全身の毛穴から風景を呼吸しているのだ。山々の存在が、ちょうど逆向きの浸食現象のように、歩く者の身体の中にゆっくりと沈殿してゆく。歩く者はそれを体内に蓄えている。歩くことは、風景の中に自分を折り込んでゆくようなものだ（その逆もしかり）。ちょうど哲学者が魂を思考に折り込んでゆくように。歩く者も哲学者も、同じひとつの謎、「存在」という謎と向き合っている。その謎を解くためには、そこに長く留まるしかない。繰り返し、幾度も、深く入り込んでゆき、そこに住まう。哲学者は、歩く者が風景と結んでいるのと同じ関係を、概念と結んでいる。馴染みになるということのほかには、なんの見返りも期待していない。

この反復的な運動を表現するのにぴったりのイメージは「撫でること」だ。

「撫でる」ことは、「つかむ」ことと「触れる」ことという二つの極のあいだにある。軽く触れるだけというのは下手をすると侮蔑にもつながる。自分がそこにいるということの単なる合図か、あるいは、すぐにもよそに行ってしまうということであり、無関心の一種でもある。一方、つかむこととなれば、否応なく権力の行使となる。支配し、自分には制御ができることを示し、所有する。触れることも、つかむことも、ピンポイントの行為なのだ。

だが、「撫でる」ことには、もっと広がりがある。腕の届くところまで伸ばされていった手は、また元の位置に戻りながら、新たなやさしさの道を描く。その繰り返しは機械的ではなく、不毛でもない。撫でることは、呼吸のように、それ自身から養分を得て、それ自身の中に、その運動を繰り返すための資源を見いだす。撫でることは、確かにひとつの探索の動作ではあるが、そこで求められているものは、もっと遠くを探すための糧だ。そのために必要な条件は「急がないこと」である。ゆっくりと、急がないことによって、撫でることは、表面を深く探索するためのひとつの技法《アルス》となる。ちょうど、地殻の表面を根気よく歩く歩行者のように。手は、秘められたものは表面にこそ広がっていることを、よく知っている。表面を行きつ戻りつしながら、そっと秘密を採取してゆく。やさしく撫でることを続けるからこそ、その手にはさらなるやさしさが湧き出してくる。撫でる手と、撫でられるものは、共に調和し合いながら、安らいでひとつになる。

　ゆっくりと、やさしく、繰り返すこと。歩く者もまた、何時間もかけて、足で、目で、風景を撫でている。歩きながら、空間を撫でていると、一歩、また一歩と、時間が雫を結び始める。一秒、また一秒と、アルコールが蒸留されてゆくように。

# なぜわたしはこんなによい歩行者なのか（ニーチェ）

Pourquoi je suis si bon marcheur (Nietzsche)

**「座っている時間をできるだけ少なくすること。広々とした空気のなかで体を動かしながら作り上げられた思想以外は、信じてはならない。筋肉までがその形成に参与していないような思想には価値がない。あらゆる偏見は内臓から生じるのだ。尻を重くして座り続けること、繰り返すが、それこそが精神に対する本当の罪である**[41]**」**

ニーチェが書いていたように、別離は難しい。なぜなら、離れてゆく絆が痛みをもたらすからだ。だが、やがてその切れたところから、翼が生えてくる。ニーチェの人生は、そのような別離や、断絶や、孤立の連続だった。世界、社会、共に歩んだ仲間たちや同僚、女性たち、友人たち、家族。だが、孤独に沈むたびに、彼の自由はいっそう強く、深まっていった。清算すべきものは何もなく、妥協に邪魔されることもない。視界はすっきりとして、さえぎるものはない。

ニーチェは持久力に富んだ優れた歩行者であった。彼の著作には、頻繁に歩行についての言及が見られる。自然の中を歩くことは、彼の著作の一要素であり、執筆に伴走するものだった。

ニーチェの人生は、四幕から構成されている。

第一幕は、生誕（一八四四年）から、バーゼル大学に哲学教師として着任するまでの養成期にあ

41 ニーチェ『この人を見よ』「なぜわたしはこんなに賢明なのか」

たる。牧師だった父は、実直で、誠実な男だったが、若くして亡くなっている。ニーチェはしばしば、自分をポーランド貴族の末裔で、一族（ニェツキ家）の唯一の子孫だと想像するのを好んでいた。父親の死後、（当時四歳だった）ニーチェの存在は、母と祖母とその姉にとっての唯一の希望となり、彼女たちの細やかな気遣いを一身に受けて育つ。際立って聡明だった彼は、名門の誉れ高く、厳格なことで知られるプフォルタ学院に入学し、古典教育を受ける。そこでの厳格そのものの規律について、ニーチェは後年、その偉大さを認めることになる。ギリシア的な方程式にあるように、「命ずることができるためには、まず従うことを学ばなければならない」からだ。母は、息子の未来を信じ、賛美と感嘆を惜しみなく注いだ。この子の輝かしい英知は、いつの日か、きっと、神さまに捧げられるだろう。母は息子が神学者になることを夢見ていたのだ。彼はたくましく、健康そのものの青年で、ただ、矯正の効かない、強度の近視に悩まされていた。ボン大学に進学し、優秀な成績を収めたのち、ライプツィヒで勉学を続ける。二四歳で、古典文献学者リッチュルの推薦を受け、バーゼル大学の哲学教授に任命される。その若さではまったく異例のことだった。そして、人生の第二幕が開かれる。

＊

ニーチェは一〇年間、ギリシア哲学を教えたが、困難と失敗続きの一〇年となった。仕事が多すぎるのだ。大学での講義はもちろん、バーゼルでの高等学校（ペダゴギウム）の授業も担当した。しかし、ニーチェは、そもそも文献学者になりたかったのだろうか？ 彼は長いあいだ、音楽に情熱を注いでいたし、次に心惹かれたのは哲学であった。ところが、自分に手を差し伸べたのは、文献学という学問だった。彼はこの職業を受け入れ、選びとりはしたが、胸がわずかに締め付けられるような違和感もあった。それが天職というわけではなかったからだ。だが、文献学者であることによって、少なくとも、日常的にギリシア語を読むことができた。悲劇詩人（アイスキュロス、ソフォクレス）、詩人（ホメロス、ヘシオドス）、哲学者（ヘラクレイトス、アナクシマンドロス）、歴史家たち（とりわけ「体系を超えて、人間の姿が見える」と言って、ディオゲネス・ラエルティオスに夢中になった）。最初の一年は、じつに充実した年だった。情熱をもって講義ノートを準備し、学生たちからも人気を博し、新しい同僚たちとの出会いがあった。とりわけ、神学教授のフランツ・オーバーベックは、ニーチェの生涯の友として知られ、何かあった時に恃《たの》むことのできる、信頼できる友となった。ニーチェがトリノで狂気を発症した際に、迎えに来てくれた人物でもある。一八六九年、ニーチェはルツェルンに旅行し、その後トリプシェンまで「巨匠」（ワーグナー）を訪ねる。ワーグナーの壮麗な邸宅に迎え入れられたニーチェは、ワーグナーとの面会に感動し、妻コジマにも魅了される。狂気に陥ってからの書簡では、ニーチェは彼女のことを「我が王女アリアドネ、我が愛しの君よ」と呼び、「わたしは、ある偏見のために人間だと思われているが、たしかに人間たちとはずいぶんと交際をしたものだ」（一八八九年一月）と書いている。

だが、最初の興奮や、大学業務への情熱、恵まれた健康は、長くは続かなかった。発作や危機が次第に頻繁に起こるようになってくる。長年蓄積されてきた、一連の重大な誤解に対して、ついに身体が反逆を始めたのだ。

第一の誤解は、職業に関するものだ。一八七一年の『悲劇の誕生』の刊行の際に、そのことがはっきりとする。職業的な文献学者たちは、この書に唖然《あぜん》とするか、あるいは激怒した。こんな本を書くなど、到底考えられない。あいまいな直観と形而上学で書きなぐっただけの本だ。混沌と形式が争い続けるばかりで、らちがあかない。第二の誤解は、友情に関するものだ。ニーチェは「巨匠」の毎年の祝典に列席すべく、バイロイトにも欠かさずに行ったし、トリプシェンの邸宅にも通い、ヨーロッパを共に旅する仲にもなった。だが、共に時間を過ごせば過ごすほど、ワーグナーが尊大な人物であり、断定的で、人の言うことを聞かぬ、つまりはニーチェが大嫌いなものを体現した男であることが疑いを容れなくなった。彼の音楽が自分の体質に合っていないこともはっきりとしてきた。聞いていると、具合が悪くなってくる、とニーチェは書いている。ワーグナーの音楽というのは水に溺れるようなもので、身体が重だるくなる。だから「泳ぎ続ける」しかないのだが、胸の悪くなるような、混沌とした大波となってどこまでも覆いかぶさってくる。そのうちに足がつかなくなる。ロッシーニの音楽ならば、踊り出したくなるのに。あのビゼーの「カルメン」ももちろんそうだ。続く第三の誤解は、恋愛に関するものだった。彼の求婚は、性急で手順を踏まないものなので、ことごとく拒絶された。最後の第四の誤解は、社会的な誤解だ。ニーチェは結局、バイロイトのけばけばしい社交界にも、学者や教授たちのサークルにも根を下ろすことができなかった。

こうした一連の誤解に向き合うのは、たやすいことではなかった。新学期がやってくるたびに、つらさがつのり、もう限界だ、もう無理だ、という気持ちが膨れ上がってゆく。ベッドを離れられないほどのひどい頭痛にたびたび悩まされ、暗い部屋で、痛みにうめき声をあげることしかできない。目にも痛みがあり、読むことも、書くこともままならない。ほんの一五分ほど、書いたり、読んだりするだけで、何時間も片頭痛に悩まされる。ページを見ると目がかすみ、誰かに朗読してもらわねばならない。

ニーチェは妥協の道を探った。講義をひとつ減らしてもらう。続いて、高等学校の授業の完全免除を願い出て、とうとう休息と回復のために一年間休職できることになった。

だが、もうどうしようもなかった。

そこでニーチェが自分を癒やすために課した治療法は、彼の後年の運命を予告するものだった。すなわち、長時間の散歩と、深い孤独である。耐えがたい疼痛《とうつう》には、このふたつが効くはずだ。世間の興奮や誘惑、喧噪がたちまち苦痛の嵐となって吹き寄せる以上、それらからは遠ざかるべきなのだ。そして歩いて、歩いて、歩き続けて、気を散らし、気を紛らわせれば、こめかみに振り下ろされる槌《つち》の痛みも忘れることができるだろう。

ニーチェはまだ高山の鉱物質の硬質な美しさや、南方の乾いた岩の道の香りに心奪われてはいなかった。歩き回ったのは、主に湖畔（レマン湖のほとりを、一日に六時間ほど、友人ゲルスドルフと共に)、あるいは、身をひそめるように森の暗がりへ向かった(黒い森《シュヴァルツヴァルト》の南部シュタイナバートにモミの木の森がある。「わたしは、森の中を長時間歩き回り、わたし自身との素晴らしい対話を楽しむ」)。

一八七七年八月、ニーチェはローゼンラウイで隠者のような生活を送る。「どこかに、ただ、小さな家をひとつ持つことができれば。そうしたら、ここでしているように、一日六時間か、八時間か、思索をしながら歩き続け、しかるのち一気にそれを紙に書きつけられるのに」

だが、なにひとつうまくいかない。痛みが度を越している。片頭痛のために床を離れられぬ日が続き、嘔吐のひきつりのために、夜通し、身をねじ切られるようにつらい。目も痛み、視力も落ちている。一八七九年五月、大学に辞職願を出す。

*

ここに第三幕が始まる。一八七九年の夏から一八八九年の初めまでの一〇年間。少額ではあったが、三つの年金を合わせれば、どうにか食べてはゆける。つましい生活を送り、簡素な宿に住み、山から海へ、海から山への汽車賃を払い、時には、ヴェネツィアへ足を延ばし、ピーター・ガストを訪ねた。ニーチェが伝説的な、並ぶものなき歩行者となったのは、その折のことだ。ニーチェは歩く。歩くことが仕事であるかのように歩き、歩きながら仕事をした。

最初の夏に、山というものを発見する。オーバーエンガディン地方の山を。その翌年には、山間の村シルス・マリアを見つける。大気は澄み渡り、風は強く、光は刃のように鋭い。蒸し暑さを嫌ったニーチェは、狂気に陥る日まで（ルーとの一年を除いて）、毎夏をこの地で過ごすようになる。友人たち（オーバーベック、ケーゼリッツ）宛ての手紙に、とうとう「わたしの本質、わたしがもっとも自由に呼吸のできる環境」を見つけたとある。母への手紙には、「もはやほぼ目の見えないわたしにとって、まったく理想的な道と、もっとも活力をあたえてくれる大気」を見いだした、と書かれている（一八七九年七月）。これはわたしの風であり、わたしはこの風景と血がつながっている。「いや、それ以上ですらある[42]」。

最初の夏からすでにニーチェは歩いていた。一日八時間ものあいだ、ひとりきりで歩き続ける。そして「漂泊者とその影」を執筆する。

**数行をのぞくと、すべては、歩きながら考えたもので、六冊の小さな手帖に走り書きのように書き付けたものだ**[43]。

冬が来ると、南方の街で過ごす。たいていはジェノヴァで、ラパッロの湾で、のちにはニースで

42　ニーチェ「漂泊者とその影」『人間的な、あまりにも人間的な』下巻の三三八番

43　ニーチェ『晩年の書簡集』、一八七九年九月付の書簡

(「わたしは平均して、朝に一時間ほど、午後に三時間ほど、早足で散歩する――道のりは毎回まったく同じだが、どんなに繰り返し通っても毎回美しい道だ」一八八八年三月)、一度はマントンで(「八つの散歩コースを見つけました」一八八四年一一月)。山並みは文章を書き込むキャンヴァスとなり、海が蒼穹《そうきゅう》の天井となる(「海、澄んだ空! かつてのわたしは一体なぜあれほど自分を苦しめていたのだろうか!」一八八一年一月)

歩きながら世界と人間たちを俯瞰し、戸外で文章を組み立て、想像し、発見し、昂揚し、自らが見いだしたものにおののき、歩くうちに、我が身に「降りてきた」ものに心を乱され、圧倒されるのだ。

**わたしの感情の激しさには、我ながら可笑しくもなるし、恐ろしくもなります――目が真っ赤になっていたために、部屋から出られなかったことが何度もあるのです――なぜですかって? その前日の長い散歩の最中に、泣きすぎたためです。といっても、感傷的に泣いたのではなく、歌いながら、よろめきながら、新たに開けた視界によって、わたしがいかに現代の人間たちに対して特権をもっているかを悟り、慄然《りつぜん》とし、歓喜に満ちて泣いたのです**[44]。

この一〇年のあいだに、ニーチェは主要な著作を書き上げた。『曙光』から『道徳の系譜』、『悦ばしき知識』から『善悪の彼岸』、そして『ツァラトゥストラ』。ニーチェは隠者となり、孤独になり、漂泊者となる（「わたしはまた隠者の生活を送っており、一日に一〇時間、隠者の散歩をしています」一八八〇年七月）。

＊

したがって、ニーチェにとっての歩行は、カントにおけるような、仕事から気を逸らすものではなかった。カントにとっての歩行は一種の健康法であり、歩行をするからこそ、再び背中をまるめ、長時間座って仕事ができるようになるのだった。ニーチェにとっての歩行は、著作の条件だった。歩行はくつろぎではなく、著作に同伴するものですらなく、文字通り著作の原理であり、成分であり、環境であった。

**我々は、書物の中に身をひたし、ページからの刺激なくしては思想を生みだすことのできぬああした輩には属さない。我々の在り方《エートス》は、戸外で歩いたり、跳ねたり、登ったり、踊ったりしながら考えることである。できるならば、ひっそりとした山の中や海の近くで、道までが瞑想的であるような場所で思索を巡らせることなのだ**[45]。

44 ニーチェ『晩年の書簡集』、一八八一年八月の書簡

あまりにも多くの人が、他人の本を読むことによって本を書いてきた。あまりにも多くの書物が、図書館に漂うわずかな黴の匂いを発している。いったい、一冊の本とは、何において評価されるべきものだろうか？　匂いにおいてである（さらにはまた、このあと見るように、足取りの軽やかさにおいてである）。いかに多くの本が貸本屋のよどんだ空気と同じ臭気を立てていることか。光も射さなければ、風も通りはしない。そのために立ち並ぶ本棚の奥には黴が広がってゆき、紙はゆっくりと分解され、インクは化学変化を起こす。空気に瘴気が漂う。

だが、新鮮な空気を吸い込んでいる書物もある。戸外のすがすがしい大気にじかにふれているような書物。それは高山に吹く身も凍るような風であったり、南方の松並木を吹き抜ける新鮮な風であったりする。そうした書物は呼吸をしているし、重すぎる知識にあえぐこともなく、むなしいだけの死んだ学識で窒息していることもない。

> **我々は、作者がインク壺の前に坐したまま、紙のあいだに首を突っ込み、背中を丸めてその思想に達したのかどうかを、たちどころに見抜いてしまう。そんなふうにして書かれた書物はざっと読み飛ばされるものだ！　内臓を圧迫しながら書きあげられた本は、空気が薄く、天井が低く、狭い部屋に入ったときのように、歴然とそれとわかる**[46]。

だが、別の光を探すこともできるのだ。図書館というものは、往々にして暗すぎる。分厚い書物が積み重ねられ、隙間なく並べられ、天井まで届きそうな本棚がずらりと並ぶ。これでは陽の光の射しようもない。

だが、山々の冴え冴えとした光や、海に降り注ぐ陽の光のきらめきを反射する本もある。とりわけ、その色合いを映している本がある。図書館はたいていねずみ色をしており、その中で書かれた書物もねずみ色をしている。そうした書物は、どこもかしこも引用でずっしりと重たく、出典や脚注をあちこちにぶらさげ、念入りな言い訳を並べながら、果てもない反駁を続けている。

最後に述べておかなければならないのは、文字を書く人間の身体、その手や、その足、その肩や、二本の脚についてである。書物は生理現象の表現だからだ。かがまった身体や、ちぢかまった様子が感じ取れる本が多すぎる。歩く者の身体は、その逆で、弓のようにぴんと張り、花が太陽に向かって開くように、広い空間へと開かれている。胸が開かれ、膝は伸ばされ、腕ものびのびとしている。

**一冊の本や、ひとりの人間、ひとつの音楽を評価するとき、わたしたちは反射的にこう考えている。これは——あるいは、この人は——歩くことができるのだろうか?**[47]

45 ニーチェ『悦ばしき知識』、第三六六の箴言
46 同書

壁の中に囚われ、椅子に身体を沈めたままの作家たちの本は、鈍重《どんじゅう》である。人の書いた本を机の上に並べ、胸が悪くなるほどむさぼり読むことによって書かれているのだ。肥育されたガチョウさながらに、ぶくぶくと引用を詰め込まれ、胃もたれするほどの出典と、過剰な注で膨れ上がっている。そのような肥満した本は、読むにも時間がかかり、しかも退屈である。だが、人の書いた本を基にして自分の本を作る人間は数多くいる。人が語ったことについて別の人が言ったことを自分でも繰り返せばよいのだから。確認し、詳述し、修正する。それで、ひとつの文はひとつの段落になる。ある本に出てくるひとつの文をめぐる百冊の本にコメントをしてゆけば、それで一冊になるのだ。だが、歩きながら著述をする者には、繋累《けいるい》がない。思考は、分厚い書物の奴隷であることをやめ、確認作業にも足をとられない。他者の言葉を引き写すためにもたつくこともない。釈明する必要もないし、誰に説明するわけでもない。自分の頭で考え、判断し、心を決めるだけだ。ひとつながりの流れのなかで、ひと息に生まれてくる思想。そのような思想には、身体の柔らかさや、ダンスのような動きが感じられる。身体のエネルギーを保持しながら、その弾みを表現する。文化や伝統といった検問所も通過せず、電波妨害や濃霧の発生や通行止めにも遭うことなく、ただ、ものごとそのものを直接に思考する。長々とした論証ではなく、軽みのある、深い思想。それこそが、そこで賭けられているものだ。つまり、思考は軽ければ軽いほど高みへと達し、かつ深みを持つという可能性に賭ける。垂直に、目がくらむほど高く昇ってしまえば、信条や個人的意見、すでに確立された知識などの泥濘からも抜け出せるのではないか。図書館で胚胎《はいたい》された書物は、その逆に、重たく、しかも表面に留まる。

歩きながら考え、考えながら歩く。そうすれば、書くことは、ごく軽い休憩のようなものとなる。歩いている時に、少し立ち止まり、広大な空間を眺めるひとときだ。

そのようなわけで、ニーチェは「足」を称賛する。人は手のみにて書くにあらず。よく書こうと思うなら「足によって[48]」も書かねばならない。足は優れた、おそらくはもっとも確かな証人である。読む時には、足が「聞き耳を立てているか」を知らねばならない——というのも、ニーチェにおいては、『ツァラトゥストラ』の第二の「ダンスの歌」にあるように、足が「聞く」からである。「我が足指はぴくりと聞き耳を立てた。というのも、踊り手の耳は、足指についているからだ」。したがって、本を読む時には、足が喜びに震え、家を出て、外へと誘われてゆくかどうか、踊り出したくなるかどうかを知るべきなのだ。音楽の場合でも、その良し悪しを知るには、足に信を置けばよい。足がリズムをうちたがり、大地を踏み、跳ねたくなるならば、よい徴《しるし》である。すべての音楽は、軽さへの招待だからだ。ワーグナーの音楽は、足を憂鬱にする。足がパニックになり、なにをどうしたらよいのかわからなくなる。ひどい時には、足がだるくなり、爬行《はこう》し、滅茶苦茶に動き回って、苛々が止まらなくなる。

47 ニーチェ『悦ばしき知識』、第三六六の箴言
48 ニーチェ『悦ばしき知識』、プロローグ、第五九の箴言

ワーグナーを聞きながら、踊りたい気持ちになることは不可能だ、とニーチェは晩年に書いている。大海に溺れ込み、大渦巻のような音の混沌に押し流されるような気がする。

**あの音楽が耳に入ってくるやいなや、わたしは呼吸困難に陥る。足の神経がおかしくなり、足が意のままにならない。足としては、リズムを踏み、踊り、歩きたがっているのだが、そうできない——足が何よりも音楽に求めているのは、悠々と歩くことによる陶酔なのだ**[49]。

ニーチェは、すでに見たように、日がな一日、空や海、氷河と対峙しながら、歩き続けていた。歩きながら、歩く体が思考に吹き込んでくることを、あちこちでメモのように書き留めていた。そうしたニーチェの歩行において、わたしが決定的だと思うのは、上昇の運動だ。ツァラトゥストラはこう語っている。「わたしは漂泊する者であり、山を登る者だ。わたしは平地を好まない。長く座っていることにも耐えられない。わたしの未来がどんな運命であろうと、わたしにこのさき何が起ころうとも、わたしは道を進み、上へと登り続けるだろう。というのも、ひとが本当に体験できるものは、結局、自分自身だけだからだ[50]」。ニーチェにとって、歩くことは常に登攀すること、登ること、高みへと上昇することである。

すでに一八七六年のソレント滞在においても、ニーチェが日々の散歩道に選んだのは、村の裏手の山へと上がってゆく小道だった。ニースでもやはり、海に面してそそり立つ小村エーズへと至る険しい小道を好んでいた。シルス・マリアにいる時は、いつも高峰の谷へと続く道を選び、ラパッロでも、モンテ・アレグロ（「この地における最高峰」）を登った。

ネルヴァルにおいては、森の小道は平坦な迷路のようなもので、起伏の少ない平原は、穏やかさや物憂さを誘った。霧が立ち込めるように、思い出がよみがえってくる。ニーチェにおいては、大気はもっと鋭く張りつめている。空気は乾いて、澄みきっている。思想は鋭利で、体は震えている。思い出がよみがえるのではなく、判決が――判断、発見、寸鉄のような批評が――振り下ろされる。

登ってゆく体は緊張しているが、思考の探索を助けている。あともう少し遠くまで、あともう少し上まで。くじけてはならない。エネルギーを動員して前へと進み、足を踏みしめ、バランスを取り戻すべく、ゆっくりと身体を押し上げる。思考も同じであり、もっと驚くべき、もっと信じがたい、もっと新たなるものへと向かって、上へと昇りつめる。

あともう一歩進めて、高みへと上がる。ある種の思想は、どんよりとした平野や海辺から六〇〇〇フィート高くなった場所でしか宿らない。

**「人間と時代から六〇〇〇フィート上で」、その日わたしは、シルヴァプラーナの湖に沿って、森を歩いていた。ズルレイからそう遠くないところに、ピラミッドのような巨大な岩が**

49 ニーチェ『ワーグナーの場合』
50 ニーチェ『ツァラトゥストラはかく語りき』

**そびえ立っており、その近くで足を止めた。その思想がわたしに到来したのは、その時であった**[51]**。**

世の人々の騒ぎが足元に遠く感じられる。Suave turba magna〔大いなる群衆の甘美さよ〕。透明な氷河を透かすようにして、その場にしゃがみ、はるか下方の動かない人の群れを見ることが甘美だと感じるのだろうか？　そうではない。貴族的な感情は、決して尊大なものではないのだから。そうではなく、十分に考え抜くためには、開けた視野をもって、明澄《めいちょう》な大気の中にいなければならない、ということだ。磊落《らいらく》さが必要なのだ。細かいことは気にしない。厳密さや正確さも重要でない。見極めるべきは、人類の運命の脈がどのような線を描くかなのだ。はるか高みに身をおくと、風景の運動や、山々のデッサンが見えてくる。歴史も同じだ。古代、キリスト教、近代、そうした時代がどのような人間の典型を生み出したのか？　日付けや事件とばかり鼻を突き合わせていると、硬直した特異点にばかり気をとられがちだ。だが、むしろフィクションや神話、人類に普遍的な運命を描き出すべきなのだ。

**我々はもう少し道を登り続けねばならない。ゆっくりと、しかしどんなときも、高みを目指して。そうすれば、あるとき視界が開け、人類の古い文明を見渡すこともできるだろう**[52]**。**

それはちょうど道すじがくっきりと見える時のような感じだ。これは、座業の人々に向けられる愚かな軽蔑ではなく、むしろ同情である。同情はニーチェが常に自分の問題だと考えていたものだ(「子供の頃から、わたしはずっと《哀れみこそがこの自分を破滅させうる最大のものだ》ということを確かめ続けてきた」一八八四年九月)。ニーチェは、人々があくせくと動き回り、ミサや賭博場に通い、悲しみの泥沼へと引き込まれているのを見て、同情を寄せる。彼らは彼ら自身の存在が貧しいのだ。だが、山の上から見れば、彼らを病ませているものの正体がわかる。彼らを毒しているのは定住者のメンタリティなのだ。

とても長い散歩の途中では、峠を越えた瞬間に、突然別の風景に迎えられることがある。大変な思いをして山道を登り、くるりと身体の向きを変えると、足元に壮大な風景が広がっている。あるいは道を回り込んだ時に、まったく違う風景が見える。連峰が広がり、壮麗な景色の中に迎え入れられる。

見えているものが一瞬にしてすっかり変わるということの事態については、ニーチェが数々の箴言《しんげん》を残している。別のものを発見する驚きがあり、深い喜びが伴う。

最後に述べなければならないのは、ニーチェはその「永劫回帰《えいごうかいき》」の思想を、歩行の体験に負っているということだ。ニーチェの好んだ長時間の散歩は、いつも同じコースを繰り返すものであった。

51 ニーチェ『この人を見よ』「ツァラトゥストラはかく語りき」
52 ニーチェ『晩年の書簡集』より一八七六年七月の書簡

ものをよく見るために長い距離を歩き続ける人々にとって、その視覚が与えられた時には、風景にふるえが走る。離れたところにある二本の弦が共振するかのように、ふたつの存在が共鳴し、すべてがもう一度始められるのだ。

永劫回帰、それは、円環の中でふたつの「イエス」が広がりゆくことである。じっと動かずにふるえる風景に、じっと動かずにふるえる歩行者が対峙し、その二者が今ここに共にあることで交感が円環性をはらみ、時間の直線性を断ち切る。わたしはいつもそこにいた、明日もまたそこにいた、この風景を眺めるために。

＊

だが、一八八〇年の中頃には、ニーチェはもう前のようには歩けなくなり、そのことを嘆いていた。腰痛のため、長いあいだ横になったままでいなければならない。散歩の時間は短くなり、時には同行者を伴うこともある。「シルスの隠者」は、彼の崇拝者である若い女性たちと散歩に出るようになった。彼の『教育者ショーペンハウアー』の英訳をしたヘレン・ジマーン、彼に地元の貴族からの支持をもたらすメタ・フォン・ザリス、学生のレーザ・フォン・シルンホーファー。そしてエレーヌ・ドリュスコヴィッツ。

そうなるともう、以前と同じ散歩ではないし、もうそれほど孤独でもない。ニーチェは紳士として振る舞い、女性に気をつかう。永劫回帰のインスピレーションを受けた大岩の場所を見せたり、ワーグナーとの友情をめぐる胸抉《えぐ》る打ち明け話を始めたりする。

だが、体の痛みにはかなわない。一八八六年から、また片頭痛がひどくなり、嘔吐が再発する。旅行のたびに体調が悪化し、ちょっとでも長い散歩をすると、へとへとになる。街にも我慢がならない。街は汚いし、金がかかる。金はないのであって、冬の滞在費に足りず、ニースに行ってみても、南向きの部屋が借りられず、寒さが身にしみる。シルスは夏ですら天気が悪いとこぼし、ヴェネツィアもひどく気がふさぐ場所となる。ニーチェの状態はどんどん悪くなる。

最後の変身《メタモルフォーズ》。復活の歌、喜びの頌歌《しょうか》のように、彼の人生の最終幕が幕を開ける。一八八八年四月、初めてトリノを知る。天啓を受ける。完璧なまでに古典的な街並みを「足でも目でも」堪能する。「これはまたなんたる石畳か！」ポー川沿いの散歩を心から楽しむ。

シルスでの最後の陰鬱な滞在を終えると（永遠の頭痛、永遠の嘔吐）、九月にはもうトリノへと急ぐ。やはり奇跡の街だ。

完璧な幸福、素晴らしい健康。苦痛のすべてが魔法にかけられたように消失する。身は軽く、弾むようだ。仕事もはかどり、よいものが書ける。目ももう痛まない。胃もすべてを受け入れている。ほんの数カ月のうちに、導火用にまかれた火薬が次々と点火するように、ニーチェは何冊もの著作を書いた。早足で長時間歩き回り、夜になると「価値観の転倒」をめぐる大作のためのメモを書き溜める。

一八八九年一月初め、ヤーコプ・ブルクハルトは、ニーチェから六日付の手紙を受け取る。一大事である。明らかに気がおかしい。狂人の手紙である。「結局のところ、神になるよりは、バーゼルで教員をしているほうがましだったのだ。だが、自分のことばかり優先して、世界を創造する労から免れる、ということもできかねたのだ」

一月の第一週の手紙は、どれも同じような調子だ。署名は「ディオニュソス」となっているか、「十字架にかけられた者」となっている。「ひとたび発見すれば、君がわたしを見つけることはたやすかった。難しいのは、これからわたしを見失うことだ」

ブルクハルトは急いでオーバーベックに連絡し、オーバーベックはトリノに飛ぶ。だが、到着してもニーチェは見つからない。ようやく見つけた時には、フィーノの小さな家の部屋にいた。

宿主たちは、この間借り人をどうしたらよいのかよくわからなくなっていた。もう誰にも手に負えない状態だ。御者に鞭うたれた馬の首に取りすがっていつまでも泣いていたというし、支離滅裂な言葉を発してうろうろと歩き回る。人の群れに向かって長広舌をふるったかと思えば、わたしはこの葬式の死者なのだと言って、葬儀の列についてゆく。

オーバーベックが部屋に入ると、ニーチェは椅子の中で身を縮めていた。ふつうではない目つきで最新作の校正を凝視し、恐れ慄《おのの》いている。ニーチェがふと顔を上げると、旧友の姿があった。驚いて立ち上がり、友の首にすがりつく。泣きむせぶ。「まるで自分の足下に深淵が開かれてゆくさまを見つめているかのように」とオーバーベックが書いている。

ニーチェは滔々としゃべり続ける。わたしは王であるのだから、人はみなすべからく、わたしに深い敬意を向けるべきである。列車に乗せるために駅まで連れてゆくが、大声で歌うことをやめず、罵声をわめき散らす。

ニーチェはもう狂っている。どうにかバーゼルまで連れて帰ることができたのも、「あなたさま」にふさわしい祝宴に「お迎え」するために、皆の衆がバーゼルでお待ち申し上げていると説き伏せてのことだった。実際に彼をお迎えしたのは診療所であったのだが、その後イエナへと移送されても、さほどの快復は見られない。最終的にはニーチェの母親が息子をニュルンベルクの家へ引き取った。母親は献身的に、忍耐強く、自分が死ぬその日まで、息子の看病を続けた。彼の身体を洗い、彼の世話をし、彼を慰め、彼を散歩に連れ出した。夜も見守っていた。七年間にわたって。

ニーチェはますます沈黙に閉じこもり、口を開いても支離滅裂なことを言うばかりになった。文をなさない言葉の切れ端。ピアノの即興をすることもある。片頭痛は消えた。

散歩をするとよい効果があるようだったが、その散歩が厄介だった。通りを歩いてゆけば、通行人に恨みを抱き、唸り声をあげる。母は息子の外出を制限する。四四歳の息子が、熊のように吠え、風を罵《ののし》るのが恥ずかしかった。外出する時には、夕方まで待った。人通りが少なくなり、日が落ちてからなら、叫び声をあげてもよい。

だがやがて彼の腰の神経がやられる。またしても車椅子だ。人に押してもらい、人に移動させてもらう生活。自分の両手を何時間も見つめる。ぶつぶつ言いながら本を開くこともあるが、上下が逆さまだった。幼な子に戻ったかのようなニーチェ。母親は息子を車椅子にのせ、ベランダに出る。一八九四年の秋頃には、近親者（母と妹）の顔しかわからないようになる。車椅子にうずくまったまま自分の手を見つめている。言葉もほぼ発しない。「とどのつまり、死」「馬に種を撒かない」「もう光がない」

避けがたい崩壊。目が落ちくぼみ、まなざしが消える。

ニーチェは一九〇〇年八月二五日、ワイマールで息絶えた。

**どうやら、わたしは、未来の人間たちにとってのひとつの、いや唯一の宿命であるようなのだ——ならば、いつの日か、人類への愛のために、私がこれきり、まったく、何一つものを言わなくなるということは、完全にありうることなのだ!!!**

# 充足の諸状態

Les états du bien-être

## 「山歩きをしてもなんにも楽しくないということを宣言する時がきた」

### ジェラール・モルディヤ

今日では、喜び、快楽、心の平静さ、幸福などはどれも同じような価値のものということにされている。かつて、古代の賢者たちは、これらの充足状態をそれぞれ異なるものとして注意深く区別していた。その区別によって、学派そのものも区別されたので、その点は非常に重要だったのだ。どの哲学者もみな、叡智が自己の存在の開花をうながすものであると考える点では一致していたが、さて、そのような状態を――人生の目的であり、大いなる探求の終着点ともなるべきこの「状態」を――どう定義するのかという点については、意見がまちまちであった。キュレネ派、エピクロス派、懐疑派、プラトン派……。各学派の賢者たちは、それぞれ異なる充実感を約束していた――喜び、幸福、あるいは静穏さという形で。

歩くという体験には、派閥がない。歩行は、その瞬間瞬間に、そうしたすべての可能性を開き、その機会に応じて、さまざまな度合いで、それらの充足した状態をもたらしてくれる。歩くことは、大いなる古代の叡智への実践的な入門法なのだ。

そこで、まずは「快楽」から考えてみよう。快楽=楽しみ《プレジール》とは、出会いの問題である。ある身体、ある要素、ある物質と出会うことによって、「感じること」の可能性が充足に達する。快楽というものは、結局、それに尽きる。心地よく、やわらかく、聞いたことのない、甘美で未知なる野性の感覚……。なんであれ、快楽とは常に出会いから生まれる感覚であり、外からやってきて、私たちの身体にすでに刻まれていた能力を確かにするものとの出会いである。快楽とは「よき対象」との出会いであり、それは「感じることの可能性」を花開かせるものだ。

快楽の呪わしい特性としてよく指摘されるのは、繰り返しによって、その鋭さが鈍ってゆくことである。わたしを満足させた「よき対象」を、わたしは新たな快楽を得ながら、再び消費することができる。ひょっとすると、二度目には、快楽への期待のなかで、それをより楽しめるように心を整えているために、さらに大きな快楽が得られるかもしれない。わたしはその「よさ」を取りこぼすまいと躍起になり、一滴残らず味わい尽くそうとする。だが、三度目、四度目ともなれば、すでにその跡は刻まれてしまっており、もう未知のものはない。同じこと、同じ果実、同じワイン、同じ感触。それでもなお、快感はわたしの体内に点線でしるされた指定席を見つけ出すが、それはもう、わたしを甘美に刺し貫くことはない。なぜなら、快楽において求められているのは、強烈さだからだ――「感じる」という能力の限界を超える瞬間。反復してしまえば、すべては平板になる。温め直しや、繰り返しばかりで、いつでも同じものだ。そうなれば戦略はふたつしかない。多様性を求めるか、量を増やすかだ。種類を変えてバリエーションをつけるか、摂取量を増やすか。初めのうちは、そうした戦略でもうまくゆくかもしれない。鈍くなっていた快感の鋭さが、部分的にでも戻るからだ。だが、その効果も早晩、当て込まれすぎれば期待はずれとなり、無理やり搾り出したものに変わる。快楽への期待は、あまりに正確になりすぎると、快楽を殺すのだ。

歩くことの中には、思いがけない出会いによる純粋な快楽の瞬間が満ちている。ラズベリーやブルーベリーの味わい、夏の日差しのやわらかさ、小川の冷たさ。それらはみなかつて一度も経験したことのない、そのつど新しいものだ。炎がぱっと燃え上がるように、歩くことのなかで、「感じ取る」ことの可能性が、小道を踏み分けるようにして、静かに開かれてゆく。少しずつ、少しずつ、小道に沿った出会いの中で。

＊

「喜び」は、快楽とはまた違うものだ。より受動性が少なく、より要求が高く、強烈さはさほどではないが、いっそう全的で、より局所的ではなく、より豊かなのだ。歩くことの中にも、活動することに結びついた情動としての喜びがある。アリストテレスとスピノザにもすでにその発想がある。喜びとは、すなわち、肯定感に伴われる感情なのだ。

悲しみとは、受動性そのものだ。どうしてもできない時に湧き出してくる。力を込め、無理にやろうとするが、すべてが抵抗する。ここが踏ん張りどころだと、力を振り絞り、始めからやり直してみるが、どうしてもできない。白い紙を前にして、何も湧いてこない時の感覚。無理だ。言葉が出てこない。言葉は重苦しくもつれ合い、不器用でグロテスクな巨獣のようにこすれ合い、いつまでも一列に並ばない。息も切れ切れにようやく吐き出してみたフレーズはまるで均整がとれない。

スポーツでの失敗の感覚——つらすぎる。足は棒のようで、体は金床のように重い。まるで思い通りに動けず、崩れ落ち、形のないかたまりとなる。あるいはまた、楽器を弾きこなせない時の失望。重すぎる木槌のように、指が動かない。音を出しても、歪んでしまい、ねじれて制御不能になる。弦はきしむ。あるいは仕事への倦怠感。同じことの繰り返しにも、限界というものがある。仕事量にしても同じだ。倦怠と疲労とに抗いながら、無理を押して、機械を回す。なにひとつうまくいかない——。それが悲しみだ。悲しみとは、肯定感に足枷がつけられ、邪魔をされ、阻止され、傷みがきている状態のことだ。

難しい動作をしなければならない時、幾度もやりなおし、粘り強く繰り返していると、いつしかすっとできる時がくる。やがて「ゆとり」をもって同じことができるようになり、ますます巧みになってゆく。すべてが順調に、快調に進む。練習や訓練によって、最初の「できなさ」を乗り越えた時にも、同じことが起こる。体が軽くなり、自分に応えてくれる。喜びとは、なしとげた結果を満足げに眺めることではなく、勝利の感覚や、成功したという満足感とも違う。喜びとは、のびのびとした状態でエネルギーが発揮されていることのしるしであり、自己が自由に展開しているという実感だ。すべてがたやすくできる。喜びとは、活動そのものであり、難しかったこと、時間のかかったことを、軽やかに成し遂げられ、精神と身体の力を存分に使いこなせている感覚だ。何かを発見すれば思考の喜びが生まれ、何かをらくにこなせるようになれば身体の喜びが生まれる。だからこそ、喜びは快楽とは違い、反復によってむしろ増大し、より豊かに、より深くなるのだ。

歩くことにおける喜びは、通奏低音として流れている。もちろん、局所的には、努力や痛みもあるだろうし、来た道を振り返り、下まで続く急坂を誇らしげに眺めやる時の一時的な満足もある。だが、その種のわかりやすい満足感は、往々にして、スコアや数字の話を持ち込みがちだ（標高差は何メートルだったか、何時間かかったか、海抜何メートルまで行ったか）。そうなれば、歩くことは、もう競争になってしまう。高山への登攀《とうはん》が（頂上を征するだとか、高峰に挑むだとか）、いつでも少しばかり不純になってしまうのはそのためだ。ナルシシズム的な満足感を提供しすぎるのだ。山歩きにおける主調音は、華やかな歓声からはかけ離れたもので、自分の体がただもっとも原始的で、もっとも自然な活動をしていると実感する喜びである。幼い子供が歩き出す頃のことを考えるとよい。片足を踏み出す時に、子供の顔に広がる光のような微笑み。歩く時に流れる通奏低音としての喜びは、人間の体というものが、どれほどどこの運動のためにつくられているかを実感すること、次の一歩が、どれほどその次の一歩へのエネルギーの源となっているのかを体で知ることなのだ。

　歩くという行為を超えて、だが、歩くという行為によってもたらされる喜びがもうひとつある。それは、存在することの充足感としての喜びだ。日がな一日歩きつめた日には、足を長々と投げ出すだけでも、たっぷりした食事をとれるだけでも、腰を落ち着け、喉をうるおせるだけでも、一日の終わりに夕日が沈んでゆくのを見ているだけでも、全身がほっとゆるんでゆく喜びがある[53]。空腹でなく、喉も渇いておらず、痛みや苦しみもないのであれば、体を休め、ただ生きていることを実感するだけでも、この上なく深い喜びにひたされる。生きているということ、今、生きている自分を感じるということ。その純粋で強烈な喜び。その絶対的なつつましさを実感すること。我々は、もうずっと長いこと、喜びというものが、モノを所有することだとか、人から社会的に承認されることだとかによって得られるという誤ったイメージを植え付けられてきた。そのせいで、ごく近くにある喜びを手に入れんがために、はるばる遠くまで出かけてしまう。あまりにも単純な喜びは、その単純さのためにかえってとらえがたく、ほとんど不可能なものとなる。わたしたちはいつもそのような喜びの向こう側に行ってしまう。つい、追い越してしまうのだ。だが、歩くという体験を通して、そうした喜びが奪還される。時間のかかる活動にしばらく身をあずけ――そこからは喜びも生まれるが、疲労や退屈だって生まれてくる――、とにかく歩いてみること。歩いてみて、そして休息すること。それは、存在の充実という、より深く、より根源的な喜びに通じている。わたしのこの体が、静かに息をしている。そのことをひそやかに確認する喜び。わたしは生きていて、今、ここにいる。

＊

歩いている時には、「幸せ」と名付けられるようなものもまた感じることができる。道すがら、

53 ランボーの詩「みどり亭にて」をなぞっている（「幸福にみちて、僕は机の下に長々と足を延ばし……」）

野生のスグリを口に含むときの楽しみ、微風が頬を撫でてゆく時の心地よさ。歩くことによって、「全身ひとかたまりのものとして」進んでゆくことの喜び。自分が存在していることを感じることの充足感。そして、それらの後に訪れる「幸せ」――夕日を受けたむらさき色の谷間が、夏の宵に起こす奇跡。日中はぎらぎらした日差しに負けていた色彩が、金色の光の中で身を現し、ようやく息をしはじめる。もう少し遅くなってからの「幸せ」は、宿でのひとときだ。偶然出会った人たちと分かちあう夕べ。歩くことによって、こうして出会えた人々。それらすべては「受け取る」ものだといえる。つまり、幸せとは、ある瞬間や、ある雰囲気が差し出されている時に、その受け取り手となり、それを逃さないことだ。だが、こうすれば「それ」がやってくるという指南書もなければ、準備をすることもできない。その瞬間が偶然やってきた時に、ただそこにいればいい。幸福は、はかなくこわれやすいものだ。世界を織りなす無数の糸のなかの黄金の糸のように、一度きりの純粋な出会いなのだ。

＊

最後に検討しておくべき境地は、「心の平穏さ」だ。これもまた別の感覚だ。より超然としており、そこまでの驚嘆はもたらさず、諦めに近いところもあり、積極的な要素は薄い。精神にむらがない状態だ。歩くことは、運動と休憩を繰り返すなかで、密かに、ゆっくりと、そのような「心の静けさ」へと誘う。歩くことにおける遅さには明らかに平穏さとの親和性があるが、その絶対的な反復性も一役買っている。なにしろ、それについては、そこに身をゆだねるほかないのだから。

心の平穏さとは、恐れか希望かという二択にもはや心をわずらわされず、あらゆる確信の先に身を置くことである（ふつう確信とは、弁護されたり、論証されたり、構築されたりせねばならないものだから）。今日は一日歩くのだと決まれば、次の宿まで何時間かかるのかはわかっているのだから、あとはその道を歩くだけだ。他にすべきことはない。長くかかりはするだろう。一歩一歩が、一秒一秒をまたぎ越してゆくが、それで一時間が短くなりはしない。にもかかわらず、日が暮れる頃には、自分の足が、まるでひと口ひと口と繰り返したようにして、ありえないほどの距離を「呑み込んで」いたことに気づかされる。どのようにやってみたところで、必ずそうなる。何かを決心したり、自問したり、計算したりする必要もほとんどない。ただ歩きさえすればよい。先を見通すことも無意味で、そんなことをしても気力をくじかれるだけだ。次の目的地に着くまで、自分のペースで進めばよい。心の平穏さとは、ただ道をたどる——道に従う——ことなのだ。厄介事や悲しいこと、わたしたちの生活や身体を傷つける一切のものごとが、歩くことによる平穏さのなかで、すべて宙づりになったように感じられる。思いきり距離を取って離れすぎてしまったために、もう計量不可能になったのだ。自分をすり減らすような大いなる情熱も、刺激の多い多忙な生活の中での張りつめて抑圧された嫌悪感も、容赦ない歩行の倦怠に取って代わられる。ただ、歩くこと。平穏さとは、もう何も期待せずにいることから生まれる、限りない安らぎだ。ただ、歩くこと。

# 感謝の念

Gratitude

エピクロスによれば、私たちの心の安らぎを支える柱のひとつは、神々の存在である。「神々は存在する」というのだ。

唯物論の伝統の核心に立ちながら、これほど強く神の存在が強調され、肯定されていることに、人は面食らうかもしれない。なにしろ、ルクレティウスからマルクスに至るまで、唯物論は、教会が煽り立てる不安から我々を解放することに努めてきたのだから。死後の世界への恐れは、容易にわかるように、政治的な安定のために都合よく利用できるものだ。プラトンですら、無神論者は閉じ込めておくべきだと言っていた。人知れず罪を犯し、隠れて悪徳にふけっても、肉体と共に魂が滅びるならば、罰の下しようもないと人々が考えるならば、公の秩序が保たれないからである。

実際、永劫の罰に対する恐怖には、地上的な幸福を台無しにするものがありはしないだろうか。なのに、なぜ、魂もまた死すべきもので、万物は原子の組み合わせにすぎないと証明したあとになって、神々のことなどにかかずりあっているのだろうか。地獄に落ちるという見通しだけでももう十分に恐ろしく、心の安らかさは損なわれ、生きる喜びに水がさされるというのに？　「人間の中でもっとも善き人にすら、恐れ慄くべき理由はつねにある[54]」と。

それでも「神々は存在している」とエピクロスは書く——theoi men gar eisin.〔神々は、なるほど、確かに存在している〕。ただし、とすぐに言うべきだろう。それは、我々を宗教から救い出

54 アラン『宗教について』、一九三二年二月二七日の談話

すためなのだ。エピクロスの言う「神々」とは、無関心な神々であり、陽気で果てしない円舞を織りなす、安定した元素の永久運動のことだからだ。神々とは、ひとつの充溢《じゅういつ》のことであり、どこかはるかなところで決定的に成就された、不変で、完全な、永続する存在のことだ。社交にすぎない交際から身を引き、ささやかな喜びを味わい、心の通い合う人たちとの小さなつながりを大切にしながら、わたしたちが存在させ、少しでも安定させようとしているのが、まさしくそのような充足である。誰に感謝したらよいのかわからないその思いの先に「神々」がいる――そのなにか完全《パーフェクト》な、ふだんは無限遠点に佇んでいる存在の似姿として我が身を感じとるような瞬間、充足はいよいよ深くなる。人と共にある神々とは、そのようなものだ。

　エピクロスは、このような境地を「カリス（感謝の気持ち）」と呼んでいる（キリスト教徒ならこれを「グラティア（恩寵）」と訳すだろう）。わたしはある山の峠を越えようとしている――車でも来られる場所だ。だが、何時間もかけて、自分の足でやってきた。水筒に紅茶を詰め、ドライフルーツを持って、朝早く出発してきた。標高差は大きく、道は険しい。歩くというより、一歩ごとに地面から身を引きはがすような感じだった。だが、とうとう頂上に着いたのだ。その時――体を酷使したために感覚が鋭敏になっているのか、それとも努力の報いなのか――、私の眼前には、なにか尋常でないほどの美しさをたたえた風景が広がっている。その風景はわたしの中に響きのようなものを生み出し、風景そのものがふるえてでもいるかのようで――実際にふるえているのは、むしろわたしの二本の足なのだが――、風景と自分が共震する。わたしは泣きそうになる。

その時、物音が聞こえ、振り返る。いや、わたしは一人ではなかったのだ。駐車場で車を降りたのんびりした観光客ががやがやとやってきては、眼下のパノラマを映像として「獲得《ゲット》」している。「すごい、すごい」と口々に言い、わたしが目に涙を浮かべているのに気づくと、やや気まずそうな顔をする。

だが、彼らには何も届けられていない。彼らが目にするのは、風景の骸骨《スケルトン》にすぎないからだ（色や形をざっと見てそれで終わり）。そのような風景には生気が宿ってない。ニーチェは歓喜に満ちて「漂泊者」で書いている。「この風景は我が血潮であり、それ以上のものですらある」（三三八番の断章）。歩く者に与えられる恩恵は、歩くことそのものからくる喜びだけではない。多くの努力をし、多くの汗を流し、徹底的に体を疲れさせた後だからこそ、目の前に差し出される美しさをまさに自分に向けられたものとして味わえるのだ。「カリス（恩寵）」とは、このわたしを目がけて、今この時に贈り物が届けられている、という確信を抱けることだ。わたしは感謝の念をもって、それに応答する。せかせかした観光客と、山道を耐え抜いた歩行者は、同じ風景を目にしない。ツーリストは風景を捕獲《キャプチャ》し、記録し、蓄え、データベースを拡充する。だが、自然の中を行く者は、感謝の念にひたされながら、自分を「手放す」のだ。

永遠の閃光に貫かれるような、そうした瞬間がある以上、その光を存在させ、そんなにも強く輝かせるものがどこかに何かあるはずだ。それが「神々」と呼ばれるものだ。教会を持たない神、称号を持たない神。エピクロスにとって、それが神の存在原理だ。わたしの喜びを、わたしはどこかに確かに預けられなければならない。そうすれば、その喜びはふわふわと漂ったままではなく、はるかな場所で到達された完全無欠なものの反響としての自らを現すだろう。自然界のあらゆる美は、混じりけのない喜びをもたらしてくれるがゆえに、我々に感謝を促す。その感謝の念に方向を与えるものとして、神々が存在するのだ。感謝の念が船をつけることのできる港、あるいは拠点であり、その意味や方向を与えられるもの、それが「神々」と呼ばれる。そのようなありがたさには、いかなる従属関係も想定されていない。わたしはただ、世界の美しさを与えられるがままに受け取っていればよく、その贈与の感覚によって、喜びの気持ちはさらに膨らむ。

同じような観点から、クンデラは『不滅』の一節で、「道路」と「小道」の違いについて述べている。「道路」は、ある地点から別の地点へと赴くために使われる。計算に基づいて作られたものであり、距離を消滅させ、スピードを上げ、空間を無視することがその目的だ。どこに道路を通し、いかに舗装するか、すべてはあらかじめ考え抜かれている。路上にいる時間は、短いほどよいとみなされる。よい道路とは、したがって、アスファルトで舗装された、まっすぐなものだ。だが、土地の起伏や地質などの条件も考慮するために、カーヴや迂回路も作られる。「道路というものは、それ自体としては、なんの意味もない」とクンデラは言う。「意味があるのは、ただ道路が結んでいる二つの地点だけだ」。道路とは常に、ここからあそこへ、ある地点から別の地点へと向かうためのものであり、ある場所から別の場所へと行くために張り渡されたロープのようなものだ。

だが、「小道」はそうではない。「小道は、空間へのオマージュである」。だからこそ、道は、その区切り、区切りで、「ひと休みすることへと人を誘う」。小道は、地点を結ぶのではなく、空間を通り抜けてゆく。あの森やこの谷を歩く者のために、その歩調につれて、ゆっくりと風景を切り開く。道がなければ発見はなく、道こそが、谷や森への我々の目を開かせてくれるのだ。

自分の足で歩いてゆくということは、風景に敬意《オマージュ》を捧げることだ。

# 野生の征服
（ソロー）

La conquête du sauvage (Thoreau)

ダヴィッド・ヘンリー・ソローは、一八一七年七月に、鉛筆製造業を営む一家の三番目の子供として、ボストン近郊の小さな町コンコードに生まれた。ハーバード大学で学業を修め、学位の取得後は公立学校で教員になるが、二週間もたたずに辞めている。生徒に体罰を与えることを拒んだからである。また、授業は長時間の散歩と交互に行なうべきものだと考えていたためでもある。その後は、家業の鉛筆製造業に従事するようになる。二〇歳の時、ファーストネームの順序を逆にし（それ以降、ヘンリー・ダヴィッドと名乗る）、生涯つけ続けることになる日記を書き始める。一年後、兄と共に私立学校を創設するが、ほどなく閉校する。やがてエマソン家で雑用を引き受けるようになり、『ザ・ダイアル』誌に詩やエッセイを発表し、エマソンが主宰する「超越主義クラブ」に出入りし、その機関紙の執筆にも参加する。一度はコンコードを離れ、エマソンの甥たちの家庭教師としてニューヨーク州のスタテン・アイランドに住んだが、一年間だけのことであった。

一八四五年三月、ウォールデン湖のほとりにあるエマソンの所有地に、自らの手で小屋を建てる。これはソローにとっては哲学的実践だった。その小屋で、二年以上、たったひとりで暮らした。完全な自給自足で、森と湖のほとりで土に鋤を入れ、散歩や読書をしながら執筆に取り組む生活だった。

一八四六年七月、ソローは小屋で逮捕され、未払いの税金のために拘禁される。メキシコ戦争を遂行し、奴隷制を容認する政府への抗議の表明として、税金の納入を拒否していたからである。この経験からソローは「市民的不服従」についての小冊子を出版することになる。だが、彼が留置所にいたのは、一晩だけだった。彼の叔母が駆けつけ、未払い分を支払い、さらには、数年先の税金まで前払いしてくれたからである……。世間体が悪くなることを心配した叔母は、金に糸目をつけなかったのである。

一八四七年七月、ソローはウォールデンを去る。哲学的実験は終わりを迎えた。

その後、土地測量士になり、ケベック、ニューハンプシャー、ホワイト・マウンテンを旅し、インディアンの部族との交流を持った。また、奴隷制廃止の活動家として尽力した。

四四歳でソローは結核により世を去る。後には、壮大で魅惑的な著作群が遺された。とりわけ、二年間の「実験」として行なわれた森の生活を綴った『ウォールデン』には、不思議な魅力がある。また『歩行（ウォーキング）』は、歩くことをめぐる哲学的著作の先駆けとなった一冊である。

ソローが生きた時代は、資本主義が誕生し、急速に勢いを増していった時代である。最初の大規模な産業的搾取が行なわれ始めた時代でもあった。ソローはすでに、利潤の追求が競争化し、自然の略奪が進むことを予感していた。盲目的なまでの貪欲に対抗するため、ソローは「新しい経済」を考案する。その原則はいたってシンプルで、ある活動について考える時は、それが何をもたらすかではなく、それがどれほど「純粋な生の瞬間」を削るかを自問すべきだ、というものである。

**ある物事が「費やす」ものとは、私が「すぐにでも、または長期的に、代価として支払わねばならない生の一部」と呼ぶものの総額にあたる**[55]。

ここから、「利益」と「益」の違いが見えてくる。森の散策から、どれだけの利益が得られるだろうか? ゼロである。売りさばけるようなものは、何も生産されない。歩くことは時間の無駄であり、浪費であり、いかなる利益も生み出さない。死んだ時間だ。だが、わたしにとって、わたしの具体的な生にとっては確かに益がある。なぜなら、わたしは、自分自身に対して「体の空いた」状態になっているからだ。些細な気がかりは遠のき、口さがない人々のおしゃべりも聞こえてこない。わたしは自分自身と向き合い、自分自身を蓄えたのだ。そしてその間ずっと、自然は惜しみなく、わたしに——わたしただひとりに——自分を差し出してくれていた。わたしは、純粋な存在という贈り物をふんだんに蓄えることができた。

「利益」と「益」の違いは次の点にある。「利益」をもたらす行為ならば、わたしではない他の誰かによってもなされうる。その誰かは、その行為を行なうことによって、利益を手にするだろう。となると、先を越されまいとして、わたしは急ぐ必要が生じる。それが競争原理だ。一方、「益」をもたらすものとは、誰かに肩代わりしてもらうわけにはゆかない行為だ。選択のためのよき基準は、「わたしの代わりにこれを誰かができるだろうか?」と問うことだとソローは書いている。そして、誰かに代わってもらったらまるで意味がなくなること——生きること、歩くこと、愛すること、楽しむこと——こそを率先してやるべきなのだ。無益であったり、利益を生むだけの行為なら

55 ソロー『ウォールデン 森の生活』

ば、いつでも誰かに代わってもらえる。

**もしも、わたしがわたし自身であらなければ、誰がわたしの代わりにそれをしてくれるだろうか?**[56]

計算の話に戻ろう。ソローを読んでいて驚かされるのは、必ずしもその論の内容ではない。物質的な富を軽蔑せよというだけならば、古の賢者たちも主張していた。真の富とは、何も足りないものがないという感覚をどれほど持てるかなのだ。そのことは、すでに言われていた。ソローが印象的なのは、むしろ、その論の形式である。ソローは、計算そのものは手放さないのだ。純粋な「質」だけをありがたがるべきで、「量」の計算など打ち捨ててしまうべきだとは言い出さない。計算しよう、あくまでも計算しよう。自分が何を得て、何を失うのかを、とことん厳密に計算すべきだ。より多くの金を稼ぐために、わたしはどれだけの純粋な人生を失うのだろうか。金持ちは金持ちでいるために、どれほどの代価を支払っているのだろうか。血眼になり、不安に駆られ、つかんだものは決して手放そうとしないが。たしかに、とソローは認める。屋根は必要だろう。四方の壁と、ベッドがひとつ、それに椅子。とはいえ、どんな屋根、どんな調度類が必要だろうか。樫の扉に、大理石の浴槽が欲しいというのであれば、今日の空の様子や、木の葉の色づき方については忘れるほかないだろう。多くの利益は得られるかもしれないが、誰の益にもならないのだ。

56 ソロー『日記』

雨露をしのぐための屋根と、椅子が三脚――ひとつは自分のため、二つめは友達のため、三つめは友達の友達のため――、あとはベッドがひとつと、暖かい掛け布団があればいい。それらを手に入れるための労力はさほどではない。手作業をし、米と交換するための豆の栽培をするぐらいだ。しかも、それによって得られるものがどれだけ多いか。まず、毎日の散歩の時間が生まれる(一日に三時間から四時間も)。おかげで体調もよくなるし、計り知れない喜びにも恵まれる(森に射す光の戯れ、沼を渡る深い青色の輝き)。計算の結果によれば、一週間における仕事と休息のリズムは逆転させることができる。すなわち、豊かに生きるためには、週に一日だけ働けばよいのだ。ソローはそろばんをはじきながら言う。森の家で暮らすためには、二八ドルかかる。そこまで歩いていくことにすれば、さらに早く着ける。交通費を浮かせられるので、そのぶんを稼ぎ出す仕事日を差し引けるからだ。

社会的な労働は、富を生み出すのと同じぶんだけ、貧しさも生み出す。「貧しさ」は「富」の対極にあるどころか、富の補完物なのだ。富者は隣人の皿に自分の皿よりも多くが盛られていないかと目を光らせながらたらふく詰め込んでおり、貧者はその饗宴のおこぼれのパン屑にあずかろうとしのぎを削っている。両者は同じゲームをしており、そのそれぞれに、勝者もいれば、敗者もいる。ソローは、富にも貧しさにも対立しながら――常により多くを得ようとして自分を見失う富者の富にも、微々たる収入を得るために汗水を垂らす貧者の貧困にも与《くみ》せずに――システムそのものに抗う生き方を称揚する。それは、ゲームに参加しないという選択だ。賭け金を守るのでも、貯蓄をするのでもなく、プレーそのものをしない。「選び取られた節制」と言ってもよい。

節制は、一見すると似たものだが、禁欲とは異なっている。禁欲主義者は「度を超すこと」、つまり過剰な食べもの、多すぎる富や財産、極端な快楽などの誘惑に抗おうとする。坂の上に身を持したまま、転がり落ちぬようにするのだ。つまり、禁欲主義者の中には、ある種の厳格さがあるのだが、快楽をそこまで軽蔑する必要があるということは、逆に、快楽を恐れているということでもある。自己を解き放つことを拒み、ブレーキが利かなくなることを恐れ、ものごとを感じ取りすぎないように自分自身を縛る、それが禁欲である。一方、節制を貫く者とは、ごく単純なものごとによって、限りなく満ち足りた気分になれる人間のことである。ほんのわずかなものによって、心ゆくまで幸福にひたされる。ここには、水があり、果物があり、風が吹いているのだから。「ああ、ただ空気を吸い込んでいるだけで、こんなにも快いとは！」とソローは書いている。

「わたしはわたしの見たものをわたしのものにする」というソローの言葉がある。歩くうちに、心惹かれる色彩や陽光の記憶を、少しずつ自分のうちに溜めておくのだ。そうすれば、冬の宵にも暖を取ることができる。わたしたちの宝物、わたしたちの本当の財産とは、わたしたちが受け取り、自分のどこかに格納しておいた世界のすがたの総計のことなのだ。

**わたしは、いつも、自分のなかのそうした情景へと立ち戻るようにしている。これは、誰にも奪うことのできないもので、宇宙の巡り合わせが幾重にも重なって、このわたしへと授けられ、嫌なことがあった日のために、大切に取っておいた何かだ**[57]。

それにしても、富というものは、手放すことに比べたら、手に入れることのほうがまだしも容易なものだ。富を所有する者の魂は、物質的な財がこびりつき、外皮に覆われ、鈍く、硬直している。その一方で、貧者の心は、富者への息苦しい羨望とやりきれない怒りのために、縮み、乾いていってしまう。

やはりどう見ても、富というものは、あまりにも多くの人にとって、高くつきすぎるものだ。

ソローは歩行者の手本のような人であったが(毎日、三時間から五時間歩いた)、旅行家ではなかった。メイン州やケベック州の森への小旅行には幾度か出かけたものの、ソローが糧としたのは、コンコード周辺での規則正しい散歩だった。ポケットに手を入れ、家から歩きだす。そんな彼を「小さな冒険者」と呼ぶこともできるかもしれないが、少なくとも彼自身は、異国情緒《エグゾティスム》には警戒すべきだと述べていた。遠くへ出かけ、「かの地」で見聞したことを語るために歩く人は大勢いる。そこには奇想天外な出会いがあり、叙事詩のような壮大な冒険譚があり、風景は常に崇高で、必ず

57 ソロー『日記』

や突飛な食習慣に迎えられるだろう。つまり、どれもこれもがパフォーマンスなのだ。しかし、ソローの『ウォールデン』は、そうした凡百の旅行記よりも、ずっと心を奪うものだ。歩くためにわざわざ遠出をする必要はない。他者性とは、別の世界、別の文化のことであり、それはエグゾティスムとは違うものだからだ。それは文明世界の片隅にも見いだされるものであり、歩くということは、そのような「脇」に身を置くこと、すなわち、道路の走らない所に立ち、利潤と貧困を生み出す者、搾取者、労働に追われる人々、淡い冬の日差しを楽しむ余裕のない人々から距離を置くことだ。歩くことは現実を試すことでもある、とソローは続けている。それは、単なる物質としての外的な現実でも、主観的に価値があるように思える現実でもなく、しっかりとそこに存在するものとしての現実だ。すなわち、「抵抗」の原理としての現実。歩くということは、地面がしっかりと支えてくれるかどうかを試すことである。一歩ごとに、身体の重さが地面に支えられ、跳ね返される。

**どこにでも、頼りにすることのできる土台がある**[58]。

登る時、人はまず足場を確かめる。足に体重をかけ、地面の硬さを確認するのはほんの一瞬のことだが、それをするからこそ、次に全体重をかけられる。雪深い道を行く時、脚は震え、凍った道で滑らないようにする。ぬかるみや砂地では、転ばないように気をつける。一歩一歩、自分の身体をまっすぐに引きあげるようにしなくてはならず、歩くというよりも、踊っているようだ。足は軟らかすぎる地面を好まず、軟らかすぎれば、逆に不安を覚える。一方、舗道は硬すぎて、足が地面に触れる衝撃があまりにダイレクトに背筋に響く。土ならば、その衝撃をやわらかく吸収し、受け止めてくれる。アスファルトの道路の単調な均一さには飽きがくるものだ。単調すぎて、リアリティに欠けるのだ。

作家の中には、書くことと同じだけの時間を読むことに割くようにしている人々がいる。エマソンが伝えるところでは、ソローは、歩くのと同じだけの時間を書くことに割いていたという。つまり、歩いてきたことを証言するかのように書いていたのだ。ならばソローの本は、いわゆる「証言の書」ということにもなるが、それは「証言」というものを、バトンリレーのようなものと考えた場合だ。証言をするのは、次の証言者へとバトンを渡すためであり、書物はそこで体験の橋渡しをする。といっても、それは、いかに生きるべきかを説くものではない（それでは説教好きな人たちのプログラムになってしまう）。ただ、自分もまた別の方法で生きてみたい、と思わせるのである。人生を可能性そのものとして見直させるのだ。

**生きようとして立ち上がったことが一度もないならば、椅子に座って書こうとしてみても無駄なことだ**[59]。

58 ソロー『ウォールデン 森の生活』
59 ソロー『日記』

書くのなら、歩きながら得たインスピレーションの中でこそ書くべきだ。思索においても、歩く時と同じように、確かな足場だけを求めるべきだ。

**世論や偏見、伝統、幻想、見かけといったぬかるみを突きぬけねばならない。パリからロンドンまで、ニューヨークからボストンまで、そしてこのコンコードに至るまで、地球上はどこもかしこも堆積する泥で一杯だ。教会も国家も詩も哲学も宗教も、なにもかも突きぬけて固い地盤に突き当たるまで、確かな岩盤を探らねばならない。「これこそが現実と呼べるものだ、間違いない」と言える地点まで**[60]。

歩いている時に感じられる現実とは、地面の硬さだけではなく、自分自身の弾性でもある。ソローは繰り返し語っている。歩くうちに、最後に響きだすものは、自分自身の現実である。つまり、自然物としての我が身のリアリティを実感するのだ。自分の中に、植物的な、鉱物的な、あるいは動物的なものがあることに気がつく。通り過ぎざまに、木の外皮を撫で、この木はわたしと同じ素材でできていると感じる。草に軽く触れ、この草と自分は同じ繊維でできていると感じる。足を止めた時、自分の呼吸が、行く手に現れてパッと立ち止まった野ウサギの呼吸と重なり合う。といっても、神秘主義的な融合体験が起こるわけではない。ただ、歩くことによって、わたしの筋肉、わたしの骨、わたしの血の中にも、自然の構成物としての現実があることに敏感になるのだ。

現実を試し、現実に試されるというこの試練は、無言の信頼をもって終了する。夜が訪れた時に考えねばならぬことはほとんどない。ただ目を閉じて、今日見てきた風景が、いくつもの層のように折り重なり、自分の中に降り積もり、静かに再構成されてゆくのを感じているだけでいい。人は歩くことによって風景が確かにそこにあると身をもって知るのだ。

ソローは朝を信じている。というよりも、朝は人に信じさせる力を持っていることを知っている。歩く時には、世界の誕生に寄り添えるように、明け方に出発すべきだ。まだ青い時刻には、自然の鼓動が感じられ、我々の意志など何ほどのものでもないということが感得される。意志することとは、寄り添うことの対極にあるからだ。朝に歩く時は、急に回れ右をしたり、何かを決意したりすることなく、ただ一歩一歩、朝を追いかけるだけだ。一日が始まるということは、とにかく間違いのないことなのだから。もうすぐ日が昇り、すべてが始まるだろう。どれほど厳粛で声高な改心の決意も、たいていは脆《もろ》いものだ。一日というものは、決して一大決心のようには訪れない。朝に歩いてみると、意志の力によらない、自然な始まりの力を知ることができる。

**健康の度合いは、どのくらい朝が好きかによって、はかられる**[61]。

60 ソロー『ウォールデン 森の生活』
61 同書

朝に対するソローの思い入れは、『ウォールデン』の春を語る一節にも見られる。四月になると、どんなふうに氷が解け、新たなエネルギーの奔流に突き上げられるようにして崩れ落ちてゆくか。また、朝の時間帯や春が巡りくる時には、永遠性も目覚める原則があるという。

**一年が始まるとき、そこには、かつてないほど若々しい希望がある**[62]。

もし真の希望というものが、どんな条件にも左右されず、いかなる検証にも屈しないのだとしたら、それはその内容よりも、形のほうに多くがあるからだ。希望というものは、何かを知ることから生まれるのではなく、ただ信じることから生まれる。どんな教訓にも、思い起こされる過去にも囚われず、ただ、信じる。自然には歴史がない。記憶は毎年新しく生まれ変わる。ソローが「春の体験」と呼ぶのは、太古から続く生命の流れへと引き込まれることだ。それはまた、「無垢の体験」でもある。すべてが再び始まる。夜の重荷と共に、過去の重荷もまた、光によって抹消される。

**ある春の一日の朝があるだけで、人間のあらゆる罪は赦《ゆる》される**[63]。

春、曙光が差す頃に、歩く者は、少し前のめりになり、明け染める一日に身をゆだねている。歴史も過去もなく、ただ信頼の喜びに満ちて。夜の葉むらを抜けて、朝の光が差し込んでくる。

**太陽は、ついに、朝のぼる星のひとつにすぎない**[64]。

朝の源泉、それは象徴としての「西[65]」にある。朝は「起源」ではなく、「約束」であるからだ。「東」にあるのは、我々の記憶だ。「東」には、文化があり、書物があり、歴史があり、数々の挫折がある。しかし、過去から学ぶべきものは何もない――過ちを繰り返したいのであれば別だが。「成熟した」と言われる人々を信頼してはならない。彼らの「体験」とは、盲目さの集積なのだから。信頼できるのは、信頼そのものだけだ。未来の力は「西」からやってくる。

**歴史を理解し、我々アメリカ人の足跡をたどり、芸術や文学を学ぶときには、我々は「東」へ向かう――「西」に向かうのは、未来へと進むため、冒険心と挑戦心に掻き立てられてのことなのだ**[66]。

62 ソロー『ウォールデン 森の生活』
63 同書
64 同書
65【訳注】ここでいう「西」とは、新大陸アメリカにおける「西部開拓時代」や「西部劇」という時の「西」にあたり、「野生」を象徴している。「東」には旧大陸ヨーロッパがあり、「文明」を象徴している
66 ソロー『ウォーキング』(一八五一年)

「西」とは、豊かな鉱床であり、未来を育むもの、存在の資源、まだ手をつけられていない何かだ。西方、それは「野生の世界」（The Wild）であり、原始的な荒々しい活力に満ちた場所である（山の「西側」を歌うことのできる詩人はほとんどいない、とソローは言う）。「西」とは、我々の中のまだ手なずけられていない部分、生きることをまだ諦めていない部分を象徴するものだ。エマソンがソローについて、「彼こそがもっともアメリカ的なアメリカ人だ」と書いたのは、そのことを言っていたのだ。つまり、未来の源泉である「野生」（The Wild）にどうしようもなく魅了されている。未来は、我々がその「西」といかに向き合うかにかかっているのだ。アメリカ的なユートピアとヨーロッパ的な原始的なものへの憧れの違いは、そこにある。我々ヨーロッパ人にとって、「野生」は「起源」だ。それは、暗がりの始まりの地点であり、開かれた裂け目であると同時に、真実を閉じ込めている、祖先たちの時代に属するものだ。だが、ソローにとって「野生」とは、未来への可能性だ。それは、記憶の届かぬ闇ではなく、来るべき世界の朝《あした》なのだ。

**わたしが語る「西」とは「野生」の同義語に他ならない。野生の生命の中にこそ、世界を救うものがあるのだ**[67]。

歩くことは、先に述べた通り、笑止千万にも「ニュース」などと呼びならわされているものと決別することである。「ニュース〔news 新しいこと〕」といっても、語られるそばから、たちまち廃れてゆくものなのだ。とはいえ、ソローも言うように、絶え間ない情報の鎖につながれている限りは、次のニュースを知りたくなる。だが、真に価値のあることとは、何が変わったのかを知ることでなく、不変でありながら、常に新しくあり続けるものに近づくことではないか。歩きだしてしまえば、あらゆる噂や騒音はすっと消えてゆく。「何か新しいことは?」と聞かれても、「いや、何も」と答えるだけだ。ただものごとの永遠の姿がたえず新しく現れているだけだ。

ソローが選んだこの「拒むという生き方」は――エマソンによれば、ソローはおよそあらゆる依頼や誘いに対して反射的に「ノー」と答えたという――、彼にとって受け入れるよりも拒否するほうがはるかに簡単だったからなのだが、常識人や、働き者、資産を持つ者たちからは、奇異なものとみなされた。

ソローは真実を求めていたからである。

**愛でも、金銭でも、栄光でもなく、わたしには真実を与えてほしい**[68]。

真の人生とは、常に、「他と違う」人生のことだ。真実とは切断であり、氷を割るようにして、

67 ソロー『歩行（ウォーキング）』（一八五一年）
68 ソロー『ウォールデン 森の生活』

凝り固まった思い込みや、受け継がれてきた確信を打ち砕く。真実こそが、我々にとっての野生なのだ。世間の意見の重圧についてはよく語られるが、ソローに言わせると、そんなものは、我々が自分自身に下している裁きの重みに比べれば、取るに足らないものだ。つまり、我々は自分で自分を閉じ込めているのだ。「歩くこと」は、ソローにとって「西に向かう」ことだった。歩き始めた瞬間に、目指すのはいつも「西」であり、それは、自分を取り戻すためではなく、自分を新たに作り変えるためだった。

**真の人生を生きようとすることは、大いなる旅路に出るようなものだ**[69]。

ソローの最期について伝えられていることがある。ある日、死の床にあるソローの枕元にひとりの聖職者がやってきて、宗教による慰めを与えようと、「あの世」のことを話したという。ソローはわずかに微笑みながら、こう答えたという。「どうか、一度にひとつの世界で十分です」

69 H・G・O・ブレイク宛て一八四八年三月二七日付の手紙

反
復

Répétition

歩くことは、単調で、冴えないものだ。それゆえに、歩くことは、ついに退屈なものとはならない。単調さと退屈は、本来は逆のものと考えられるべきだ。退屈とは、予定も展望もないことである。自分のまわりをぐるぐると回るだけで、何かを待ってはいるが、何の期待もなく、空っぽで宙づりの時間が流れるのを「待っている」だけ。退屈している身体は、横になり、また立ち上がり、腕を揺り動かしたかと思うと、あちこちに足を投げ出し、そうかと思うと急にそれらすべてを中断し、また再開し、またうろうろとし始める。退屈とは、動かずにいることへの虚しい反発なのだ。やることが何も見つからず、何かをしようとも思えない。自分自身のせいで気が滅入ってゆく。自分がいかに貧相な欲望しか持ち合わせないのかを突きつけられるからだ。退屈とは、何かを「始めること」に対して嫌気がさしている状態だ。何を始めてもすぐにうんざりしてしまう。やっているのが自分だからだ。なにかが外からやってきて、こんな状態を一掃してくれないだろうか――。

歩くことは決して退屈なものではない。ただ単調なだけだ。歩き始めた瞬間に、わたしたちはもうどこかに向かっている。そこには動きがあり、歩調は一定だ。一歩一歩が、あまりにも規則的で、あまりにリズムに満ちているので、退屈を引き起こしはしない。古来、修道士たちは「アケディア(魂を蝕む憂鬱)」を解消するために、散歩を推奨してきた。

モンテーニュも「散策場」について語っている。思考を刺激し、思索を進め、思いつきを単なる思いつきでなくするためには、精神は身体の運動に引っ張ってもらうのがよいのだ。

**わたしの思考は、座らせておくと眠っている。精神は、あたかも足に突き動かされるかのように動くのであり、単独で歩まない**[70]。

思索がなかなか進まない時は、座っていても無駄だ。立ち上がって、足を踏み出し、広いところを歩けば、体に勢いがつき、思考も弾む。機械が作動する時の仕組みと同じだ。歩くことによって、まず思考のスイッチが入る。規則正しい歩行のリズムが、心地よい揺れとなり、詩の韻を整えるための助けとなる。歩みが詩のリズムを刻むのだ。英国のロマン派詩人ワーズワースの妹は、お兄さまの書斎はどちらですかと尋ねられ、あちらです、と庭を指し示した。あちらが兄の書斎なのです。ワーズワースの抒情的長詩は、歩きながら創られたものだ。庭の小道を行ったり来たりし、ぶつぶつと呟きながら体の揺れに乗り、これだという韻を探し当てた。

ワーズワースは歩行の歴史において、避けては通れない人物である。多くの識者は、ワーズワースを「ハイキング」のれっきとした発明者とみなしている。一八世紀末には、まだ「歩くこと」は浮浪者や街道の匪賊《ひぞく》たち（そうでなくても、道化や行商人）のすることだと考えられていた。そのような時代に、ワーズワースは「歩くこと」を詩的な行為として見いだしたのだ。クリストファー・モーレイは、ワーズワースについて「哲学するために足をつかった最初の人物のひとり」

70 モンテーニュ『エセー』第三の書「三種の交わりについて」

と評している。ワーズワースはフランスを徒歩で横断し、アルプスを越え、イギリスの湖水地帯を探検し、それら小旅行の体験を詩作の題材とした。自伝的な詩である長大な『プレリュード』には、三つの歩行が重ね合わされている。ひとつは、幼年時代から成人するまでの歩行。もうひとつは、フランスとイタリアでの徒歩旅行。そして、リズムあふれる韻律を力強く響かせるための歩行である。

当時の人々がワーズワースに冷たかったのは、「歩くこと」と「散策（プロムナード）」はあくまでも違うものだったからだ。「散策」は、城館に隣接した大庭園を歩くことであり、人にどう見えるかという技として確立されたものだ。英国式の庭園には、入り組んだ小道があり、親密な話に向いた植え込みがあり、人はそこで隠れたり、出会ったりしていた。歩くといっても軽やかなもので、そこを行きつ戻りつしては、しばし立ち止まって会話を交わし、恋のささやきや戯れに打ち興じ、打ち明け話に耽《ふけ》った。歩行というよりは、舞踏のようなものだった。

一方、ワーズワースは、自然の小道を行き、ひとりでいることを味わい、詩を書くことを選んだ。彼の詩は、華やかなところがなく、単調だが、波の音のようで、心地よく揺すられながら、いくら聞いていても、飽きるということがない。

**こうしてわたしは　その静かな小道をひっそりと歩んだ**
**体はその静寂を　喉を潤《うるお》すようにして飲み込み**

**穏やかな眠りにつくときのような安らぎを覚えたが**
**それよりもはるかに甘美であった。上からも前からも後ろからも**
**わたしの全身は　平安と孤独に包まれていたのだ**

ワーズワースの極上の単調さに匹敵する単調さをやはり自家薬籠中のものとしていた歩行詩人がもうひとりいたとすれば、それはペギーである。ペギーによる「ボース地方の礼賛」は、チフスにかかった息子ピエールの快癒を得るために、一九一二年にシャルトルのノートルダム大聖堂まで巡礼に行った際、その途上で作り上げられた、果てしない長詩である[71]。

**わたしたちは進む　ポケットに手を入れて　前へ**
**どんな用具も　がらくたも持たず　なにかを論じることもせず**
**常に変わらぬ足取りで　急ぐことはせず　ただひとり自分のちからで**
**いちばん近い野から　次にいちばん近い野へと**
**主よ　どうかご覧あれ　わたしたちは歩兵隊のように**
**どんなときも　一歩ずつ　一歩ずつしか　進まない**

71「シャルトルの大聖堂でのボース地方の紹介」が正式なタイトルで、全体で三五六行に及ぶ。引用箇所は八連目から九連目にかけて

長く歩いている時に、自然と口にのぼってくるのは、聖書の「詩編」のように単調で、抑揚のない詩だ。詩編とは、本質的に、巡礼者のための、歩く者のための詩句である。流浪の身のつらさを歌うにせよ（「エルサレムよ。もしも、私がおまえを忘れたら……」）、「都へ上る歌」のように、約束の地への努力と希望を歌うにせよ（「私は目を上げて山々を見る。助けはどこから来るのだろうか？」）。

聖書の詩編には、意味内容を理解するための知識の緊張は不要である。詩編はただ声に出して唱え、口にし、歌い、肉体に刻まれればよい。詩編は肉体において具現化されなければならず、複数の人で歌うなら、詩編は共同体の肉体に感覚的に宿る。インドでは、今でもパンダルプールへの巡礼の途上で、トゥカラムの詩篇が朗詠されている。トゥカラムは、一六九八年に最下層のカーストであるシュードラとして生まれたマラーター人の小商人で、文盲でありながら（「私は卑しいカーストの出で、本というものを読んだことがない、とトゥカラムは言う」）、丘の上で守護神に出会ったことによって、詩作を始めるようになった。彼自身は文字を書けなかったので、弟子たちが詩篇を書き留めた。以来、ヒンドゥー教徒の巡礼者たちは、道すがらトゥカラムの詩篇を歌うようになった。

**神よ　どうか　わたしを**
**パンダルプールの道ばたに転がった**

**小さな石ころにでも　大きな岩にでも　砂粒にでもしてください**
**聖者たちの足が　わたしを踏んで　歩いてゆけますように**

歩いている時に、ごく自然に唇にのぼってくるのは、道を行く足音のような、単純な語からなる、反復の多い詩である。歩行の響きは、「交唱（交互コーラス）」と呼ばれる詩編の歌唱法にも見いだすことができるだろう。これは、聖歌隊の一組が聖書の一節を一音のみで歌い、もう一組がそれに応じるというもので、歌唱と傾聴を交互に行うことができる形式である。聖アンブロジウスは、この交唱から生まれる反復の効果を波音に比べている。岸に打ち寄せてはやわらかく砕ける波の音のように、規則的な響きは静寂を打ち消すのではなく、静寂にリズムをもたらし、静寂を聞こえるものにする。かくして、交唱によって歌われる詩編は、「魂に幸福に満ちた安らぎ」をもたらすと聖アンブロジウスは言う。こうした交唱詩編の響き、寄せては返す波の調べは、歩行における左右の足の運びにも似ている。それらは、世界を打ち破るのではなく、世界の存在にリズムを与え、世界は今確かにそこにあるのだということを実感させるものだ。クローデルが言ったように、音が静寂を触れうるものとし、その意義を明かすのならば、歩行についても次のように言いうるのではないか――歩行は世界の存在を触れうるものとし、その意義を明かすのだ、と。

歩くことの中には、「同じこと」の反復がもつ甚大な力がある。歩行は身体をリズミカルに揺らすことによって、信仰の体現としての詩篇を生み出す。この同じ力は、ある種の祈祷の実践にも認められる。キリスト正教会の霊的実践において、「心のフィロカリア」（日本正教会訳では「イイススの祈り」）と呼ばれるものがそれである。ほんの数語からなる基本的な祈りの句をひたすら繰り返す実践で――「主イエス・キリスト、神の子よ、罪深き我を哀れみたまえ」という祈りの句――、数珠をたぐるようにこの祈りの句を何分間も繰り返し、次に何時間も唱え、ついには一日の全体がさえぎられない一連の祈りとなることを目指すものである。この反復の修行は、厳格な呼吸のコントロールと共に行なうことで、さらに強化される。祈りの前半（「主なるイエス・キリスト、神の子よ」）を心の中で唱えながら息を吸い、後半（「罪深き我を哀れみたまえ」）を唱えながら、息を吐く[72]。

この聖務の目指すところは、ある精神集中の状態に達することであり、たったひとつのことしかせず、たったひとつのフレーズを繰り返すだけで、知的な要素はまったく必要とされない。精神の緊張はいささかも求められず、むしろ存在全体をあげて、このたったひとつの祈りの句の朗誦《ろうしょう》に打ち込み（全身で呼吸し、全身で呟き、全感覚でそれに応じ、魂のすべてがその聖句の意味を映し出す）。正教会の教父たちによれば、「精神を心の中心へと引き戻さねばならない」。最大の危険は、気が散ること、気が抜けること、気がゆるむことであり、それらはいずれも神を忘れることにつながる。神の忘却は、身体を鈍らせる労働においても、空想を掻き立てる遊戯においても、埒《らち》もない思索に終始しがちな瞑想においても、やってこずにはいないものだ。だが、短く、つつましく、反復的で、耳について離れない祈りを唱え続けることで、そうした神からの疎外を断ち切り、我々の内なる「王国」を再び見いだすことができる、と教父たちは語る。統一は心において起こるのだ。というのも、心は「今ここ」それ自体である現存の力が集まる場であり、肉体の誘惑や精神の逸脱を抑えるのに適しているからだ。簡素で、明快なひとつのフレーズを幾度も繰り返すことによって、魂は虚飾にすぎない思考の富を剥ぎ落とし、ただひとつのシンプルで純粋な祈りの句の反復に自らを捧げるのである。

凝縮された、単純でぶれのない一意性、削ぎ落とした簡素さ。そのような短いフレーズだけをきりもなく反復すること。「主イエス・キリスト、神の子よ、罪深き我を哀れみたまえ」。数分後、数時間後、そこにいるのは、祈る人間ではなく、祈りと化した人間となる。彼はもはや、絶え間ないキリストへの呼びかけでしかない。やがて、少しずつ、同じ句の反復によって精神が消耗し、苛立ち、うんざりし、唇を動かすのも億劫になってくるが、聖なる一瞬に襲われるようにして突然、「ヘシュキア（まっさらな平安）」が訪れる。

そうなると、聖句の反復は、心臓の鼓動のように、自然に、労せずして、流れるように行なわれるものとなる。その時、修道士は果てしのない呟きと、自らの祈りの呼吸のうちに、自分を守るものを見いだすことができる。

---

72 息を吸い込むこと（インスピレーション）が能力の統合、息を吐くこと（エクスピレーション）が来るべき赦しを意味するという点では、この呼吸法には形而上学的な意義もある

歩く者もまた、そのような瞬間を生きることがある。交互に足を踏み出していると、突如として、静寂の誕生を体験するのだ。

この「心の祈り」を教えていた教父たちによれば（たとえば偽シメオンや、シナイのグレゴリウスなど）、この祈りは本来、座った姿勢でなされるべきもので、深くうつむき、じっと座って、何時間でも同じ句を唱えることだけに打ち込むものだった。だが、「心のフィロカリア」は、これを歩きながら実践した、ある一九世紀のロシア人巡礼者の手記によって西欧に広まったのだ。その純朴な男は、「たえず祈りなさい」という聖パウロの教えを、どうすれば文字通りにやり抜けるかを考えていた。その時、ひとりの修道士に「心のフィロカリア」の技法を伝授された。敬虔な男は、何週間も、庭でひとりきりになり、祈りの句を何千回も繰り返した。最初は一日に六〇〇〇回、そのうちに一万二〇〇〇回と、ひたむきに反復した。日がな一日頑張り通し、疲れきり、飽き飽きして、倦怠する日々を重ねてゆくうちに、やがて、キリストの御名に呼びかけることが喜びの泉のごとく彼の内に宿るようになった。そして、祈ることが息をすることと同じくらい自然なことになった時、巡礼の旅に出た。彼は、一日中歩き続けても、疲れを感じなくなっていた。祈りの句を唱えるようにして、自分のリズムで歩き続けたのである。

**こうして今、わたしは、世界でいちばん大切で、何よりも甘美な、イエスの祈りをずっと唱えている。時には、一日に七十ヴェルスタ**（約75キロメートル）**以上歩くこともあるが、歩いているとい**

う実感はない。ただ、祈りを唱えている、という感覚があるだけだ。厳しい寒さに見舞われたときも、深く心をこめて祈りの句を唱えれば、全身が暖かくなる。空腹があまりにつらいときは、祈りの句をいつも以上に多く唱える。すると、空腹だったことを忘れてしまう。体調が悪く、足腰が痛むときにも、祈りに集中する。すると、痛みを感じなくなる〔…〕。わたしはどうやらふつうではない人間になってしまった。心配なことは何もなく、不安なことも何もなく、周囲で起こっていることもいっさい気にかからない。とにかくひとりきりでいたい。習慣となっているので、ひとつだけ必要なものがあるとすると、祈りを唱え続けることだ[73]。

疲れ知らずの歩行の秘訣が、度を越した「規則性」にあるという話は、チベットの信仰における「ルン・ゴン・パ」という聖者の姿にも見られる。「ルン・ゴン」とは、数年間にわたる集中的な呼吸法と身体法の修行のことで、修行のあかつきには、身の軽さと敏捷さを獲得できる。修行者はまず自らの呼吸をコントロールする術を学び、その呼吸にぴったりと合わせて神秘的な聖句を唱えられるようにする。それができるようになったら、祈りの句と歩く時のリズムも一致させられるよう鍛錬を重ねる。秘儀伝授が終わると、修行者は、「ルン・ゴン・パ」となる。すなわち、途方もな

73『ロシア人巡礼者の物語』

い長距離をものすごい速さで、まったく疲れずに歩くことのできる僧のことだ。もちろん、いくつかの条件は必要だ。平坦な地形であること、人里離れた土地であること、明け方か夕暮れ、もしくは星の出ている夜であること。そのような条件があれば、なにひとつ彼らの気を散らすものはないし、どんなものも彼らの集中を乱すことはできない。ルン・ゴン・パは、心を鎮め、なにごとも考えず、わき目もふらず、前方の一点を見つめたまま、自分の歩調に合わせて、祈りの句を呟きながら、歩き続ける。やがて、歩調と唱句と規則的な呼吸のすべてが繰り返し反復されることから、幻覚性のトランス状態が引き起こされる。トランス状態に入った聖者は、地面から飛び跳ねるようにして、大股で進んでゆく。

ヒマラヤ山地を旅したアレクサンドラ・ダヴィッド＝ネールは、広大な台地を進んでいた際に、遠くから何か黒い小さな点がものすごい速さで近づいてくるのを目にした。彼女に同伴していた土地の人々は、あれは「ルン・ゴン・パ」だから、絶対に話しかけてはならない、と告げた。彼はいま恍惚状態にあるから、突然目を覚ましたりしたら、死んでしまうかもしれない。

一行は、その歩行者が、平然として、目を見開いたまま、一歩ごとに宙を飛ぶようにして、しかし走ることはなく、あたかも軽い布が風に吹かれるようにして通り過ぎるのを見ていた。

# 世界の終わり

Fin du monde

おそらく、大規模な災害のために、すべてが破壊され、すべての文明が滅びてしまったとしたら、その時、白煙をあげて人類を押しつぶす瓦礫の上でできることは、その上を「歩く」ことくらいなのではないだろうか。

ある八月、わたしは、人里離れたひどく大きな屋敷にいた。夜中にひどい嵐がやってきて、四方の壁が、数秒間だけ、真っ白い閃光にあらわに照らし出されたかと思うと、再び真っ暗になり、少し遅れて、ぞっとするような雷鳴がとどろく。それがとても長いあいだ、ひどく長いあいだ続いた。ようやく朝がきて、夜が明け始めたが、空はとても低く、冷たい小雨が降っていて、しばらくは止みそうにない。わたしは外に出て、黄みがかった光の中を歩きだした。人影はなく、ただ、冷えきった永遠の静寂が広がっていた。無関心に降りしきる雨の永遠性、灰色に垂れこめる雲。そのなかを歩きながら、わたしは、自分はこうやって、いつまでも歩き続けてゆくのだと感じた。これが終わるということはないのだ。わたしは、そこに、なにか悲劇を超越したもの、涙すら出ない絶望のやさしさのようなものを感じていた。

コーマック・マッカーシーの『ザ・ロード[74]』は、父親と幼い息子の道行きを追った小説だが、その世界には、もはや大したものが残ってはいないことが早々に明かされる。残っているものは、放浪を続けるわずかな「生き残り」だけだ。まるで、露天の鉱山で責め苦を受ける呪われた魂のように、ただショッピングカートを押して、荒野を進んでゆく。だが、いったいどこへ行かれるというのか?

歩くというのは、時にはそのようなものだ。憂鬱すらも超えて。憂鬱というのは、もっと黒々として、不安と苦悩に満ちた、青い稲妻の走ったものだ。だが、ここでわたしが言いたいのは、どこまでも灰色で、薄汚れた黄色、くすんだ緑色をした歩行だ。足を動かしてはいるが、息をしているのと変わらない。

ペレックの『眠る男[75]』もまた、歩く男であった。わたしは、ただ横たわり、心は空っぽだ。やる気が出ないわけですらない。そもそも、やる気があったとしても、それが何になるのだろうか。やるべきことはべつにない、生きるべきことも何もない。人生について何ひとつ学びはしなかった。人が人生について学んだと思っていることは、人が自分に向かって語りたい物語にすぎない。だがもうどの話も終わった。学んだことよりも学び捨てたことのほうが多くなってしまえば、もうその先はない。空っぽの底をこそげるだけだ。起きることにしてみるのも、寝たきりでいるのに疲れてきたからで、寝ていると疲れてしまうのは、寝ているかぎり、いつかは避けがたく、こう考えてしまうからだ。自分は何もしていないな。こうして横になっているだけで、眠ってすらいない。なあ

74【訳注】コーマック・マッカーシー『ザ・ロード』(二〇〇六年)。近未来のアメリカにおける終末世界において、歩き続ける父と幼い息子の旅が描かれる

75【訳注】ジョルジュ・ペレック『眠る男』(一九六七年)。終始、主人公への呼びかけとも、読者への呼びかけとも、語り手の自身への呼びかけともとれる二人称「tu(君、お前)」によって記述が進んでゆく。「君」は、ある時、一切に無関心になり、自室で寝起きするばかりになるが、起き出した時には、街の通りをいつまでも目的もなく歩き続けることがある

んにもしていない。そう、もちろん、何もしていない。することがないのだから。したらよさそうなこともなく、したら実になりそうなこともない。ついには、そんなことをらちもなく考え続けたあげくに、起き出して、床に落ちた鍵束を拾い上げる。上着をひっかけて、外に出て、歩き始める。耳ざわりなあの声が「お前は何もしていない。休んですらいない。何も」と繰り返すのを、聞かないで済むように、歩きだす。歩きだしてはみたものの、これもまた何もしないことだ。だが、もうあの声は聞こえず、街の物音と、足音だけが聞こえる。それが灰色の歩行だ。

　詩情に満ちたそぞろ歩きでも、孤独な散策でもない。抒情的なところも、叙事詩的なところも、劇的なところもまるで欠けている。息をするように歩いているだけで、生きている実感を得るためですらない。ただ、動かないでいると、何もしていないような気がしてたまらなくなるから歩いているだけだ。外に出てみたところで、こちらに語りかけてくるものはなく、はっとするようなものも、気を引くものも、心奪うものも、輝きが感じられるものも、なにひとつない。何もかもが似通っていて、ぼんやり溶け合っている。車のヘッドライトはうらさびしい太陽に見え、人々の喧噪にはミュートがかかっている。前方でひとりの女性がタクシーに手を振るが、タクシーは止まらない。女性は悔しそうに足踏みをし、鞄をぎゅっと持ち直し、また威勢よく歩きだす。人生とは止まらないタクシーのようなものだ。呼びかけても、止まってはくれない。

　そして、わたしは歩き続ける。核戦争が起こらなくても、黙示録的な世界が到来しなくても、空が灰で覆われていなくても、ペレックの言うところの「無関心」さえあれば十分なのだ。人生から何も学ばないまま、学び捨てたことばかりが増えてゆく。やがてすぐ前を歩いてゆく自分自身の背中が見えるようになる。自分のすぐ後ろ何メートルかのところから、自分についてゆく自分がいる。右へ曲がり、左へ曲がる。ただ、歩き続けるために。世界の終わりとは、すべてが止まることではなく、すべてが果てしなく続いてゆくことだ。冷たい月光の下で、足を交互に踏み出すこと以外、何もできない。

わたしにも、そんなふうにして、パリを歩いたことがある。

# 宗教的精神と政治（ガンディー）

Mystique et politique (Gandhi)

**「われわれは引き返すことはしない」**
**ガンディー、一九三〇年三月一〇日**

一九二〇年一二月、ガンディーは、「来年には」インドは独立するだろうと宣言した。ただし、それは、イギリスの支配から解放されるために、すべての人々が自分の示す道を歩むならば、という条件付きであった。その道とは、社会のあらゆる分野に「非協力運動」を少しずつ広めること、市民的不服従を段階的に浸透させ、自給自足経済を進めること、そして何よりも、どのような抑圧を受けても――それは確実に蜂起への呼びかけを引き起こすだろうが――決して暴力で応じないことだ。この声明を出したのち、ガンディーはインド中を行脚して、伝統的な手織り産業を奨励し、イギリスから輸入された生地を、公開の場で、燃えさかる炎の中に投げ捨てる運動を起こす。

だが、イギリス人はしぶとかった。この「マハトマ（偉大なる魂）」の不用意な宣言は、結果として、一連の逮捕劇を引き起こすことになった。だが、市民的不服従の波は、ともかくも広がり始めたのであり、人々はガンディーの教えに従おうとした。酒屋の前でストライキのピケを組んだり、輸入生地を購入しないようにしたり、裁判所からの召喚に応じないようにしたりしていた。だが、ついに暴力沙汰が起こってしまった。激昂した農民たちが、二〇人ほどの警官が立てこもる兵舎に火を放ち、焼き殺したのである。ガンディーはこの事件への応答として、一九一九年にアムリットサルの虐殺の後で行なったのと同じ行動をとった。不服従の運動を打ち切って、断食に入ったのである——ガンディーはこの振る舞いを人生で幾度も繰り返すようになる。それによって、死者を出したことの責任を引き受け、同時に、暴力行為に及んだ者たちに深い罪悪感を抱かせたのだ。それから一〇年ほどが経過した頃（そのあいだに、彼は投獄され、不可触選民の排除と闘い、女性の権利を擁護し、衛生改善の基本的な方法を広めるために、再びインド中を巡っていた）、一九三〇年一月に、ガンディーはもう一度イギリス帝国に立ち向かう決意を固め、新たな非協力キャンペーンに打って出る。だが、と彼は自問した。今度はどこから手をつけたらいいのか、どうすれば、冷静かつ大規模な拒否運動を広めることができるのか、考えあぐねていた。一月一八日に訪ねてきた偉大な詩人ラビンドラナート・タゴールに、ガンディーは「わたしのまわりに広がる闇の中には、何の光も見いだせない」と打ち明けた。

　ガンディーが「小さな声」と呼んでいた声が、ついに耳元に語りかけてきた。「歩くのだ。海までずっと歩いていって、海に出たら、塩を集めよ」。ガンディーは新たな「サティヤーグラハ[76]」を試みようと決意する。「塩の行進」である。その直感には二重の意図があった。塩税法の告発をすれば、そこから、より根源的な批判も起こせるだろう。また、ただ歩く、という形での抗議運動を演出することにもなるだろう。当時、イギリス人たちは、塩の採取を独占していた。何人《なんびと》も塩を商売にする権利を持たず、自分自身で使うためであってすら、製塩は禁止されていたのである。居住地の近くに原塩がある場合には、住民に持ち去られないように、原塩を破壊するという措置まで取られていた。

塩とは、畢竟《ひっきょう》、海からの無償の贈物である。つつましいが、人体に必要な栄養素でもある。だからこそ、塩税の不当性は容易に理解でき、それがあってはならないことだと言うためには、その不当さを指摘するだけで足りた。ガンディーのふたつめの天才は、列を組んで海までゆっくりと歩いてゆくという方法を思いついたことだ――サバルマティの修道場《アシュラーム》[77]から、ジャラプール近郊のダンディの塩沼《えんしょう》まで行進するという計画だ。

ガンディーは、歩くことの持つ精神的かつ政治的な価値について、かなり前から認識していた。若い頃、ロンドンにいたガンディーは、定期的に歩くことを自分に課しており、法学の講義に出席するためや、菜食主義のレストランを見つけるために、ほぼ毎日、七キロから一五キロもの距離を歩いていた。歩くことは、彼にとって、インドを離れた際に母に誓った三つの誓い(女と、酒と、肉には近づかない)を思い出し、その誓いの堅固さを確かめ、それを遵守している自分を誇りに思うことでもあった。

ガンディーは常に誓願や、心の中でなされるおごそかな誓約を重んじ、それを絶対的かつ永続的なものだと考えていた。また、常に自分自身を律し、自制する力を培っていた。歩くことは、あい

76「真実の力」と訳すことのできる表現。堅固な意思を持って取り組み、どのような暴力にも頼らないことを旨とした、集団的な抵抗運動を指す

77 ガンディーの設立した、彼の思想に忠実な規律と原理に従って組織される構造化された共同体を指す語。ガンディーはアシュラムで労働をし、弟子を育てていた

まいな内省ではなく（それならばソファに横たわるほうが適している）、綿密な自己精査を行ない、自分自身との確固たる関係を築くための手段だった。歩きながら、人は、自分自身の収支決算をする。自分を修正し、問いただし、自らを評定するのだ。後年、南アフリカで弁護士の仕事をすることになってからも、ガンディーは歩くことをやめず、ヨハネスブルクにあるトルストイ農場に赴くのにも、三四キロにも及ぶ距離を徒歩で通っていた。ナタール地方の闘争において、ガンディーは、歩くことが持つ政治的な広がりを実地に試すことになる。南アフリカに暮らすインド人が屈辱的な政策に従わされ、過大な税金に苦しめられる中、ガンディーは、彼らの権利を守るために、一九一三年、単に公共の場を占拠するだけのデモではなく、何日間も行進を続けるという運動を組織した。暴力に訴えずに抗議し、あえて逮捕させるという方法だった。ガンディーは、行進の計画を立てる際に、管区から管区へと（ナタールからトランスヴァールまで）、通行証を持たずに移動することに決めた。そうすれば、大規模で、目に見える、集団的で、穏やかな不服従の運動を演出できる。

一九一三年一〇月一三日、ガンディーは大勢の群衆を率いて、行進の先頭に立つ。二〇〇〇人以上の人が集まり、少しのパンと砂糖を口にするだけで、裸足で歩き続けた。行進は一週間続く。ガンディーが逮捕され、ただちに五万人のインド人がストに入る。スマッツ将軍はガンディーとの交渉をせざるをえないところまで追い込まれ、インド人コミュニティの境遇を改善するための一連の同意書にサインをした。

一九三〇年二月、六〇歳を迎えたガンディーは、「塩の行進」を構想する。それは、劇的な運動となり、多くの人々が参加する叙事詩のようなものとなるだろう。ガンディーは、運動の中核となる信頼できる活動家を集める。ガンディーが訓練し、自己抑制ができ、自己犠牲を受け入れる覚悟のある「サティヤーグラヒ〔不服従主義者〕」たちである。七八人がその遠征のために選ばれた。最年少は一六歳だった。三月一一日、ガンディーは夕べの祈りの後、数千人もの人々を前にスピーチを行ない、もしも自分が逮捕されても、どうか慌てることなく、静かに、そのまま、不服従の行進を続けてほしいと伝えた。翌朝六時半、鉄で補強した長い竹杖を手にしたガンディーは、彼と同じく、手織りの白い綿布をまとった信奉者たちに囲まれながら出発した。出発時には八〇人に満たなかった参加者は、四四日後、海辺に着く頃には、数千人規模に膨れ上がっていた。

日が経つにつれ、一定のリズムができていった。午前六時に起床し、祈祷し、瞑想し、歌を歌う。それから身支度を整え、軽い朝食をとり、列を組んで行進を開始する。通り過ぎる村々では、祭りの日のような雰囲気で迎えられる。道には水が撒かれ、葉や花が敷き詰められている。一行の足を癒やすためだ。ガンディーは、そのつど足をとめ、穏やかな口調で、ひとりひとりが、イギリス帝国への積極的な協力をやめねばならないのだと説いた。輸入品を買うのをやめること、もしも自分が地域の長として、帝国の代理人となっているならば、その地位を辞職すること。そして何よりも、決して挑発に乗らないこと。これでもかというほど殴られるかもしれないが、受け流す覚悟をしておき、逮捕されても抵抗しないこと。この方法は大変な成功を収めた。外国人ジャーナリストたちが行進の様子を取材し、世界中に伝えると、大反響を呼んだ。インド総督たちは対応に窮する。ガンディーの日々の活動は変わらなかった。朝に祈り、昼に歩き、夕方に糸を紡いだ。夜になると新聞の記事を執筆した。四月五日、一カ月半の行進ののち、一行は海辺の町ダンディに到着する。ガンディーは弟子たちと共に祈りの一夜を過ごす。夜が明け、八時半になると、海へと向かい、水浴し、浜辺に戻り、おごそかに、何千人もの人々の前で、禁じられていた行為を実行した。すなわち、ゆっくりと身をかがめ、塩の塊を拾い上げたのである。その瞬間、女性詩人のサロジニ・ナイドゥが叫んだ。「解放者、万歳!」

この大行進の理念と実践には、いくつかの精神的な原則が感じられる。

まず、そこには、機械化、過剰な消費活動、盲目的な生産至上主義に対する警戒心が表れている。すでに、一九〇九年一一月にロンドンからアフリカへ向かう船上で執筆されたテクスト(『ヒンド・スワラージ』)で、ガンディーは近代文明への激しい批判を行なっている。不服従の方法を擁護するだけでなく、伝統を守る姿勢を明示し、「遅さ」が讃美されている。ガンディーにとっての真の対立は、西洋と東洋のあいだにあるのではなく、「スピード、機械、権力の蓄積」を旨とする文明と、「伝承、祈り、手仕事」を旨とするもうひとつの文明とのあいだにあった。といっても、これは「伝統の惰性」と「征服のダイナミズム」という二者択一を意味するわけではなく、ふたつの異なるエネルギー——すなわち「遠い昔からずっと続くもののエネルギー」と「変化のエネルギー」——の対立を意味している。ガンディーにとっての選択肢は、保守的な不変主義と大胆な冒険主義のあいだにあるのではなく、静かな力と、ひっきりなしの興奮のあいだにあり、ほのかな輝きと、目をくらますような閃光とのあいだにあった。

この静かなエネルギーを、ガンディーは母性的な、女性的なものとみなすことを好んでいた。何世紀にもわたって、伝統的な社会では、歩くことは女たちのすることだとみなされていた。遠くまで水を汲みに行くのは女たちであり、木の実や草の採集のために長い道を歩くのも女たちだったからだ。男たちは狩猟に必要な突発的で力強い動きを重視していた。急襲や短距離の疾駆などである。だが、ガンディーにとって、歩くことは持久力のような、緩慢なエネルギーを重視することだった。歩くことは、人目を引くアクションや、輝かしい功績、偉業などからは遠く離れたものだが、ガンディーが好んだ「謙虚さ」の中でこそ遂行される。すなわち、人間という存在の重みと、そのもろさを思い起こさせるものの中で歩くことはまた、貧しい人々に課された条件でもある。だが、謙虚さは、貧困を意味しない。謙虚さとは、わたしたちの有限性に静かに思いを馳せることである。わたしたちにはすべてを知ることはできないし、すべてを為すこともできない。わたしたちが知っていることは、大いなる真実に比べれば無に等しく、わたしたちが成し遂げられることは大いなる力に比べれば無に等しい。そして、そのことに思いを馳せることが、わたしたちに場を与え、わたしたちを位置付ける。歩くことは、どんな器具からも、どんな機械からも、どんな瞑想からも離れて、ただ地上にひとりある人間として、その条件、その生来の貧しさを生きることである。だからこそ、その謙虚さは屈辱的なものではない。謙虚さが失墜させるものは、むなしい慢心だけだ。歩くことの中には、常に誇り高いところが残る。歩く人は、「立っている」からだ。その謙虚さは、人間の尊厳を示すものである。

歩くことは、ガンディーが生涯をかけて求め続けた簡素さの実践という面も有している。それは、無所有（アパリグラハ、不貪《ふとん》）の道を歩むことであった。「完璧な紳士」から、チャーチルが嘲笑した「半裸のファキール（修行僧）」へと変遷するまで、ガンディーはあらゆることにおいて無所有の境地を追求した。衣服だけでなく、住まいにおいても、食べ物に関しても、移動手段においても。ロンドンで暮らしていた時は、フロックコートにダブルのベスト、ストライプのズボンに、銀の握りのついたステッキまで携えていたが、ガンディーの装いは次第に簡素になってゆき、最晩年には、白い手紡《てつむ》ぎ綿の腰布だけをまとって人前に現れるようになった。南アフリカにいた際にも、ヨハネスブルクの快適な住居から離れて、共同農場で、自ら家事をしながら生活を営んだ。三等車で旅行することを誇りとし、生涯の終わりには、新鮮な果物と木の実だけを口にした。生活のすべてをこのように簡素にすることによって、ガンディーはより速く、よりまっすぐに歩むことができた。歩くことは、究極的なまでに簡素なものだった。ただ一歩ずつ足を踏み出すこと――自分の足を使って進もうとするのであれば、それしか方法はない。ガンディーは、「必要以上に豊かに生きようとすることは、他者をだまし取ることだ」と語っている。

まずは、無駄にかさばるもの、視界をさえぎるものをことごとく捨て、身を軽くすることだ。歩くことは、自律の理想を体現するユートピアだ。ガンディーはインド古来の手仕事や、地域の生産物を高く評価し、忘れられていた糸車の素晴らしさを思い出させた。そして、毎日自らの手で糸を紡ぐことを日課とした。手を使って働くということは、他者を搾取することを拒むということだ。歩くことは、スワデーシー〔国産品奨励〕という用語に含まれた二重の理想を実践することである。ガンディーは「近隣性」という意味と「自給自足」という意味を持つこの語を使って、インド人たちに、イギリス製の生地や酒類、工業製品をボイコットするよう呼びかけた。歩くことによって、ひとは、生きるということの日常的な肌理《きめ》の中で人々と触れ合うことができる。農作業をする人々のいる畑に沿って歩き、人の寝起きする家々の前を通り過ぎる。足を止め、立ち話をする。歩くリズムは、耳を澄ませたり、理解したりするのによいリズムなのだ。ただ自分に頼るだけで前に進むことができる。身体の自由が利く限り、ただ自分の心だけが自分に命令を下す。機械装置も、燃料も必要ない。むしろ歩くことによって、人は栄養を得るかのようだ。ガンディーは一九三〇年にそのことを体験する。三九〇キロメートルを踏破し、海までたどりついた時、彼は出発した時よりも、むしろ生き生きと輝いていた。

ガンディーは、行進という社会運動を広げる中で、堅固さと忍耐力の次元——すなわち「持ちこたえること」——を讃えた。歩くことは、穏やかで持続的な努力を必要とする。ガンディーは、自分が理想とする闘争のあり方を言い表すために、南アフリカでのある政治的な集いの際に、「サティヤーグラハ」という新語を考え出した。「サティヤーグラハ」とは、力であり、また、真理である。歩くこと——行進すること——には、覚悟、すなわち意志の堅固さと気力が求められる。

サティヤーグラヒ（不服従者）の主たる徳とは、内面的なセルフコントロールである。殴られても殴り返さずにいられること、不当に逮捕されても抵抗しないこと、屈辱的な仕打ちをされても、罵倒されても、侮辱されても、一切反応せずにいられるように心を整えておくこと。このコントロールは二重のものであり、カッとせずに、怒りの発作を抑えることだけでなく、失意や怯懦《きょうだ》に引きずられないということでもある。落ち着きを失わず、不動で、静穏で、何が真理なのかに確信を持ち、自信もなければならない。歩くことは、怒りを鎮火し、魂を浄化する。サティヤーグラヒたちが海まで到達した時、不正義に対する彼らの憤りからは、あらゆる怨嗟が洗い流されていた。彼らの義憤はただひとつ、法に背こうという澄んだ決意となっていた。法というものがかくも不正で不公平なものであるなら、法に従わないことはひとつの義務であり、それは、祈りを捧げる時と同じくらいに穏やかな心をもって果たされるべきだ。

この完璧な自己制御こそが、普遍的な愛と非暴力（アヒンサー）の条件である。この概念はガンディーの教義の核心に触れる部分だ。ガンディーのいう「非暴力」は受動的な拒否ではないし、ニュートラルな諦めでもなければ、服従することでもない。それは、それまでばらばらだと思われていたさまざまな次元のもの、すなわち、尊厳をもつこと、自制すること、毅然としていること、つつましくあること、活力に満ちていることなどをひとつに束ね、ひとつの態度として外に示すことである。非暴力とは、単なる力の拒否ではなく、物理的な力に対して、ただ魂の力ひとつで抗うことだ。ガンディーが言ったのは、どれほどの殴打を浴びようと、繰り返し暴力を振るわれようと、一切の抵抗を行なうな、ということではなかった。ガンディーが言ったのは、その逆に、あなたの魂のすべてを挙げて抵抗せよ、ということだった。できるだけ長く、まっすぐに身を持したまま、決して尊厳を失わず、攻撃性を見せることもなく、打つ者と打たれる者のあいだに、暴力と憎しみの共同体のなかでの対等性や相互性を打ち立てるようなものはなんであれ一瞬たりともうかがわせずに、抵抗せよ、と。むしろ、あなたを打つ者には、どこまでも憐れみの情を向けてやるべきだ。打つ者と打たれる者の関係はあくまでも非対称に保たれなければならない――一方には、無分別で、肉体的で、憎しみに満ちた怒りがあり、もう一方には、愛に満ちた精神の力があるのだから。もしも持ちこたえることができれば、この関係は逆転する。物理的な力を振るい、獣と化している側は、まさにそのことによって品位を失い、一方で、地面に倒れ伏している者からは人間性が輝きを放つ。打つ者が彼を卑しめようとするまさにその時、彼は純粋な人間へと高められる。非暴力は、暴力を恥じ入らせる。非暴力者を打ち続ける者は、やがて名誉を失い、魂をも失う。

一九三〇年五月のダラサナでの凄惨な行進が、そのようなものだった。サティヤーグラヒたちは、人民の名のもとに、製塩所を占拠するべく歩みを進めた。ガンディーはあらかじめ総督に手紙を書き、行進とその目的について知らせており、行進を止めるには、塩税法を廃止すればよいことを伝えていた。だが、ガンディーは逮捕され、予定されていた塩田の平和的占拠には参加できなくなってしまった。一方塩田では、先端に鋼《はがね》のついた重い警棒で武装した四〇〇人の警官が待ち構えていた。サティヤーグラヒたちは散り散りになることなく、ゆっくりと前進した。警官たちのいるところまでやってくると、棒でひどく殴りつけられたが、顔色ひとつ変えずに倒れ、その後ろに続く者たちが前に進み、再び倒れていった。サティヤーグラヒたちは、腕を上げて身を守ることすらせず、完全に無防備なまま、肩の骨を折られ、頭部を殴打されたため、じつに見るに堪えない光景が広がった。やがて警官たちは気が狂ったようになり、倒れた者たちを死ぬほど殴りつけた。ユナイテッド・プレス通信社のアメリカ人ジャーナリスト、ウェブ・ミラーがこの殺戮の現場に立ち会っていた。足を止めずに進み続けるサティヤーグラヒたちの、静かで、決然とした様子をリポートしたのは彼である。「彼らは顔をあげて、断固とした足取りで歩いてゆき」、次々と倒れていった。胸をしめつけるような静けさの中で、聞こえてくるものといえば、ただ警棒が打ち下ろされる音、骨の砕ける音、押し殺したうめき声だけだった。負傷者は何百人にものぼった。

しかしながら、この一九三〇年の不服従運動によって政治的に獲得できたものは、この運動の崇高さや期待に見合うものではなかった。ガンディー＝アーウィン協定（一九三一年三月）は、わずかな譲歩を得られただけにとどまり、ガンディーが同年に赴いたロンドンでの円卓会議でも、決定的な進展は見られなかった。一九三九年に第二次世界大戦が勃発した時、インドは依然として植民地支配を受ける国のひとつだった。インドの独立が達成されるのは一九四七年八月のことであり、インドとパキスタンの分割という、ガンディーがもっとも避けたかった形での解決を伴うものだった。ガンディーは両者の統一と友愛を土台とした自由こそを望んでいたからだ。

ガンディーは、生涯、決して歩くことをやめなかった。自分が健康なのは、常に歩いているからだと言っていた。彼は最後まで歩き続けた。最晩年には、かねてからの夢が実現すると同時に灰燼《かいじん》に帰す瞬間を見ることとなった。インドの解放は果たされたが、深い分裂を刻まれた解放だった。一九四〇年代の終わりごろ、大英帝国が本格的にインド植民地から手を引く準備を始めると、それまでイギリス人によって煽られると同時に維持されてきた共同体同士の対立が激化し、やがてヒンドゥー教徒、イスラム教徒、シーク教徒のあいだでの血で血を洗う虐殺へと発展していった。

一九四六年の冬、ガンディーは再び巡礼の杖を手に取り、憎しみに引き裂かれた地方（ベンガル地方とビハール州）を徒歩で回ることを決意する。村から村へ訪ね歩いては、ひとりひとりに語り掛け、万人のために祈りを捧げながら、「愛」や「友愛による統合」の尊さが見失われていることを説いて回った。一九四六年一一月七日から一九四七年三月二日までのあいだ、ガンディーは徒歩で数十もの村を訪ねた。つましい生活を送りながら、平和の尊さを思い起させようとした。毎朝四時に起床し、読書と執筆を行ない、その日の分の糸を紡ぎ、万人のための祈りの場を開き、ヒンドゥー教とイスラム教の聖句を誦《ず》すことによって、二者が一致していることを示した。そして、歩いた。ガンディーは毎朝、タゴールの詩を口ずさみながら外に出た。

**ひとり歩むのだ。**

**お前の呼びかけに彼らが答えないのなら、ただひとり歩むがよい。**

**恐怖にかられた彼らが、壁のほうを向くのであれば**

**おお、お前、不吉を告げし者よ、**
**心を解き放ち、ひとり語るがよい。**
**砂漠の道を行くとき、彼らが顔をそむけ、お前を見捨てるとしても、**
**おお、お前、不吉を告げし者よ、**
**お前はお前のいばらの道を踏んでゆけ、**
**血のにじむお前の道を、ただひとり歩むがよい。**

一九四七年九月には、「カルカッタの奇跡」が起こった。ガンディーがそこにいただけで、そして、彼が断食をすると決意をしただけで、町に吹き荒れていた憎しみの炎が鎮まった。同年八月に独立が宣言され、インドとパキスタンの分割が実施されるなかで、ふたつの共同体のあいだには、信じがたいほどの暴力が再燃していた。

ガンディーは、一九四八年一月三〇日に、狂信的ヒンドゥー教徒に暗殺された。遺されたのは、七七歳を迎えようとしていた老人のイメージだ。小さな姪孫の肩に手をかけ、もう片方の手には巡礼の杖を持ち、一日中、歩き続けた。村から村へ、虐殺の地から虐殺の地へ、信念に支えられ、貧しい者たちのうちでももっとも貧しい者の身なりをして、行く先々で、愛の尊さと憎しみの無益さを説いた。暴力のはびこる世界に対して、ゆっくりと、謙虚に、どこまでも歩き続けることの平穏さで立ち向かった。

そのイメージは、インドの自由を初めて率いた偉大な指導者であり、ガンディーの不屈の同志でもあったネルーが記憶していたガンディーの姿でもあった。ガンディーを思う時、ネルーが思い出すのは、「塩の行進」だった。

**さまざまなイメージが、たくさん浮かんできます。あんなにもよく笑う目、けれども、同時に、無限の悲しみに満ちた湖のような、あの目。けれども、とりわけ大切なイメージは、一九三〇年の「塩の行進」のときの姿です。杖を手に、ダンディに向けて歩き出した瞬間のあの人を、わたしはこの目で見ました。あの人は、真実を探求する巡礼者であり、静かで、穏やかで、心が決まっていて、なにひとつ恐れていませんでした**[78]。

78 ジャワハルラール・ネルー『果たされた約束』、パリ、ラルマッタン社、一九八六年

# 共に歩く
# ——祝祭のポリティック

Marcher ensemble : politique de la fête

歩くことが政治的な次元を持ちうることを、ガンディーは我々に教えてくれたが、他にもいくつかの例を挙げることができる。たとえば、毛沢東の部隊による「長征」(一九三四―一九三五年)は、撤退戦から次第に征服へと転じていった奇跡的な行動であったが、この行軍は、国民党軍に対する抵抗の象徴ともなった。あるいは、「私には夢がある」のスピーチで有名なマーティン・ルーサー・キングによる「ワシントン行進」(一九六三年八月二八日)。フランスに関していえば、近年繰り広げられた重要な政治的行進のひとつに、人種差別と平等のための大行進があった。これは、一九八三年一〇月一五日から一二月三日まで、一カ月以上もの長きにわたって、各地を訪れるたびごとに、新たな熱意を呼び起こしながら、最終的には一〇万人以上の人々が参加したものである。こうした集団的な抗議行進には、祝祭のような一面もある。それは、軍隊行進の——ぞっとするほど機械的で、一糸乱れぬ——イメージの対極にあるものだ。

軍隊行進と祝祭的行進という、このふたつの秩序のあり方は、ふたつの政治的現実を体現しているとも考えられる。軍隊行進の構造は上部から決定される。指揮系統が中心にあり、階級的な序列に沿って、服従する者たちがいる。兵士たちは行進の仕方を学び、軍規に従い、自動人形さながらに身を動かすことを叩き込まれる。列を組んで行進することは、無条件の服従の表現であり、服従することが誇りとなるのだ。軍隊行進とは「公共の秩序」を具現化して見せるものだ。その一糸乱れぬ画一性には、はみ出すもの、逃れ出るもの、こぼれ出すものは何ひとつ含まれない。そこには、ひとつの臨界を超える運動がある。すなわち、「人間」から「機械」への変成。だが、人々にインパクトを与え、想像力に訴え、美は幾何学にありと得心させるためには、あそこまでの過剰さが必要なのだ。

軍隊行進の持つ強直性は、指令系統の持つ垂直性の絶対性を示している。足並みがそろっているのは、足並みをそろえよという命令が下されているからである。歩幅にばらつきがあってはならず、動作が不ぞろいであってはならぬ。一方で、大通りの両脇に押し寄せる人々は、熱烈な拍手を送る。彼らはそこに、崇高化され、ユートピア化された自分自身のイメージを見いだす。軍事行進とは「権力のレッスン」なのだ。政治的な権力を持つ者たちは、脅しをかけながら、選択を迫ってくる——「わたしか、それとも混沌か」と。「お前たちに、統一やまとまりをもたらすことができるのはわたししかいない。国家しかないのだ。わたしがいなければ、お前たちは争い合いをやめず、殺し合いを続けるだろう。だらだらと続く内戦に、血まみれの無政府状態。だが、ここに隊列をなす彼らを見たまえ。なんと見事に磨き抜かれ、なんとまっすぐな姿であることか」

公共の秩序とは、冷えきった、人工的なもので、スピノザが「悲しみの情動」と呼んだ諸々の感情に汚染されている。そこでは、他人の悲しみが自分の喜びの源泉となり、他人の幸せをわずかに想像するだけでも、自分の気持ちが落ち込んでゆく。社会的な分断は、自分よりも「下」の貶《おとし》めてもかまわない人間や、自分よりも「上」の崇拝すべき人間を提供し続ける限り、維持されてゆく。猜疑心、嫉妬心、フラストレーションのはびこる世界を国家が演出し、そうすることによって「我らが救い主」として崇められようとする。そこに、教会組織が生まれる、とアランは述べている。

ただちに司祭たちが群れをなすだろう。

唯一可能な共同体とは、「服従の共同体」なのだということを、我々は信じ込まされようとしている。妬みや恐れや不信を通じて、とにかく「上」に従うことで、社会の共通基盤が作られてゆく、というわけだ。その有効性を折にふれ再確認する手間はかかるが、それとて、なにか恐るべき他者の存在（共通の敵、公然の敵）をでっちあげれば事足りる。こうして権力は、我々を分裂させるその同じ手で、我々を結束もさせるのだ。隣人を妬ませるのと同時に、外国人を憎ませるのだから。二つの感情は補完し合い、結果として、支配する者と支配されるもの、富める者と貧しい者というもっとも根源的な分断、すべてに先立つ乗り越えがたい不正義のことを忘れさせてしまう。何より大切なのは、と権力は我々にささやきかける。秩序と安全、公共の平和ではないか、安心・安全に如《し》くものはなし、現状維持が最良だろう、というわけだ。全体を団結させるには、敵だの外国人だのの幽霊をちらつかせるのが早道だ。そうすればそれが遮蔽幕となって、不正な分断は見えなくなり、忘れ去られる。わたしたちは、その偽りの団結こそが、万人の万人に対する戦争の防壁になるかのごとく信じ込まされる。

実際には、武力による公共の秩序の対極にあるものは、野蛮な混乱状態でも、破壊的な無政府状態でもなく、自然発生的な祝祭の調和（ハーモニー）だ。軍隊パレードに対するものは、祝祭的なデモ行進である。公共の秩序に対するものは、芸術的な共同体（劇団や舞踊団）や友愛による結集（相互扶助の結社）である。権力に対抗できるものは、「合力《ごうりょく》」（力の結集）なのだ。

権力は個人をひとりひとり切り離し、妬《ねた》みや恨み、敵愾心《てきがいしん》を掻き立て、互いに対立させる。そして、法の順守という形でのみ団結を可能にする。法を守ってさえいれば、羊のように盲従的な共同体に紛れ込むことで、なんとか恐怖を紛らわせることができる。

それに対して「合力」は、喜びと信頼の中で絆を育んでゆく。各自の足りないところを他の者たちが差し出し、それをまた自分に返してもらう。祝祭的な行進は、自然発生的な秩序や、自然な社会性の可能性を可視化するものである。男たちも女たちも、不正に対する同じ思いによって連帯し、状況を変えなければという切実な思いに駆り立てられ、結集し、歩む。彼らは共に歩むが、太鼓の連打はなく、ただ鷹揚《おうよう》なうねりとなって、ちょうどペリッツァ・ダ・ヴォルペードの絵画作品《第四階級》に描かれたような、シンプルで穏やかな波のようになる。彼らが証明しているのは「みんなで従わない」という選択も可能だということだ。抗議や権利の要求のための非暴力の共同体は実現しうるのだ。異議申し立てを行なうそうした祝祭的なデモ行進は、アランが「宗教をめぐる断章」のなかで描写した、ムクドリの群れの飛翔に似たところがある。

**それは、全体として、ひとつの生き物のように見えた。一羽一羽は、幻の円のなかを飛び回っているだけなのだが、散るようにして離れ、端へと広がり、あるラインまで膨らんだかと思うと、ゴム紐でつながれてでもいるかのように、再び集まってくる。**

舞踏にも似た、こうした集団のあり方は、軍事的ではない、自然発生的な秩序であり、もうひとつのより望ましい秩序のシンボルである——すなわち、あらゆる集団活動に宿る、結集する力の秩序である。

**共同で行われるどんな活動《アクション》にも、舞踏や歌唱のような一面があり、それはどうでもいい一面ではない。このような秩序は、原因であると同時に結果であり、意図されたものではない一方で、意に反してなされているものでもない。外から押し付けられたり、自分から望んだりすることの手前にある、呼吸をすることにも似た、生命そのものに属する秩序である。**

楽し気に練り歩く群衆はまさにこのような状態にあり、伸縮するアコーディオンや潮の満ち引きのように、どこか交響楽的な運動を生み出してゆく。人々は、離れたり、また集まったりしているが、上から俯瞰して呪いの言葉をかける指導者はいない。アランは鳥の群れを再び引き合いに出し、次のように結論する。

**風にふくらむ一枚の布のように、群れは波のような動きを見せる。リーダーの姿は見えない。全体が部分を導く、いや、一羽一羽が導かれていると同時に、導いてもいるのだ。**

可逆性の原則。それこそが——自然発生的な合力の次にくる——民主主義のふたつめの秘訣であると、アリストテレスは語っている（『政治学』第三巻第四章）。すなわち、服従とは命令の裏返しであるか、さもなくば隷属にすぎない。市民は奴隷と同じではない。市民が従うのは、従うことを自らに命じているからだが、奴隷は言われるままに実行するだけだ。前者は歩くが、後者は這う。

権力者が震え上がるのは、民衆が「共にあることの喜び」を見いだしてしまう時だ。力を結集させることの高揚のなかで、自分という存在が人類全体へと結び付いていることに気がつき、熱狂と歓喜のなかで、連帯することの心躍る楽しさを知り、自分たち自身に奉仕する歓びを見いだす時。

権力というものは、本質的に、あらゆる政治的な情熱を挫《くじ》くことを目指す。ただし、野心や計算、党派的分裂のような、不健全で、倒錯した情熱についてはその限りでない。祝祭的な大行進は——ひとりひとりが、他者の歩調に自分の歩調を合わせ、他者のエネルギーがあることによって、自らのエネルギーを増幅させる——「国家なければカオスのみ」と声高に語られる嘘を打ち破り、原初的で内在的で、一度失われ再び発見されたデモクラシーをあくまでも証言する。

それは、延々と続く支配の歴史の中に穿《うが》たれた、ひとときの休息であり、あらゆる革命の源泉である。

# アブラハムの歩み
（キェルケゴール）

La marche d'Abraham (Kierkegaard)

初めに、あの話がある。「ヨハンネス・クリマクス」（またしても仮名《かめい》）によって語られた、ほとんど幻視のように鮮烈な、あの話だ。あれは、当人の幼年期の思い出に基づくものなのだろうか？　歩く者にとっては、思わずぞくっとするような光景でもある。そこには、父親がおり、子は外に出たがっている。路地を駆け抜け、思いきり息を吸いたいのだ。だが、父親は扉をふさぎ、代わりの遊びをしようと誘う。ふたりは、寄木張《よせぎば》りの床の上を、横に長い部屋の端から端まで、行ったり来たりし始める。ただ歩いて、歩いて、歩き続ける。何十回も、何百回も往復する。自分たちは外にいるのだ、と信じ込んでみる遊びだ。ふたりはコペンハーゲンの街を歩いているつもりで、街路を思い描く。行きつ戻りつを繰り返しながら、父が問いかける。さあ、思い出してごらん、あそこの、あの道の角、あの右側の角の家の、鎧戸はどんな色だったかな？　ふたりは教会や、記念碑や、建物の様子を描写し、人々と出会い、挨拶を交わす。父は、細部までくわしく描写し、不意に思いがけないものを見つけた様子すら見せる。「おい、あれを見てみろ、お前にも見えるか？」　四方を壁に囲まれているが、ふたりの身体は、言葉と歩行の魔法に包まれている。散歩は続き、光はもはや同じ光ではなく、馬車が走り抜ける音が響いてくる。

　だが、足の動きや歩みのリズムだけで街の幻をぽっかりと浮かび上がらせることなど、本当にできるものだろうか？　わたしには、寄木張りの床を歩く足音と、実物を見ないで描写をしているふたりの声が聞こえてくる。

　キェルケゴールは実際にこのような場面を体験したのだろか？　一部の伝記作家たちは、これは真正の幼年期の記憶だと推測し、この幻想的な歩行を楽しむために、家路を急ぐ少年の姿を思い描いている。彼の父は厳格な人物として知られ、宗教的敬虔さにおいては、狂信的とすら評されていた。だが、息子に一切の外出を禁じるほどに厳しいということなどありうるだろうか？　とすれば、これは何かの比喩なのだろうか？　とはいえ、これほどにも頓狂な遊びを考えつけるものだろうか？　あるいは、歩くことは、歩みの「反復的な」リズムだけで、空間と時間に深みを与えられるものだと考えるのが正解なのだろうか？　歩きながら足を交互に運び続けるのは、その瞬間に永遠を刻み込むためなのだろうか？

キェルケゴールは『日記』の中で、散歩を愛すること、散歩をせずにはいられないことをたびたび記している。歩きながら思考し、構想し、文章を考える習慣があったのだ。学生時代には、コペンハーゲンの通りを何時間も歩き回り、道を行く人と言葉を交わし、知り合いと連れ立って歩き、舌鋒するどく論争をしては、行き会った人たちとのやり取りの中で才気を煌《きら》めかせていた。また、後年には、夜になると、ノルガードのアパルトマンで、部屋から部屋へと行ったり来たりしている彼のシルエットが見られたという。どの部屋の片隅にも、筆記用具一式、紙の束、補充用インクが置かれていた。キェルケゴールは歩き、考え、書いていた。

一八四〇年代初めに至っても、キェルケゴールは変わらず毎日コペンハーゲンの通りを歩き回っていた。その後、「海賊」紙との事件があり——一八四五年からキェルケゴールへの揶揄《やゆ》を繰り返し、猫背で、左右の丈がちぐはぐなズボンをはいた、骨ばった脚の男の姿での風刺画を載せていた──、彼の孤独で、暗鬱な歩行が始まる。ある日の散歩の際、発作に襲われ、病院へと運ばれた。それから四週間、寝たきりとなり、一八五五年一一月一一日に死去した。牧師のエミール・ボーセンが、教会に対する手厳しい批判を少しは悔やませることもできるかもしれないと見舞いに訪れたが、キェルケゴールの口から聞けたのは、「ただひとつ困難がある。歩けないことだ」という言葉だった。

歩行は、一日の仕事の終わりにご褒美のように自分へと与える癒やしとは別のものであり、退屈への対抗措置でもなければ、健康のための日課でもなく、社会的な儀式でもなければ、ちょっとしたインスピレーションの元ですらない。歩行とは、母胎であり、ものの見方《パラダイム》であり、隠喩《メタファー》であり、生き方の文体《スタイル》そのものである。キェルケゴールが考える人生の三つのステージ（美なるもの、善なるもの、不条理なもの）──「人が一生のうちにたどる道のり」の諸段階──には、そのそれぞれにふさわしい歩き方が前提されている。

ひとつめの美的なステージには、わたしの見る処では、無目的な彷徨、道のつながりや十字路にまかせた散歩、都会でのほっつき歩きが対応している。どこかに行くために歩くのではなく、自分の知り合い以外の、別の誰かに出会うために歩くのだ。多様性への憧れと十字路の誘惑。歩くことの喜びとは、ひとつの美の誘いから、別の美の誘いへと自分を移ろわせることである。ある道を曲がる気が起こるのは、その道が他の道とは似ていないはずだという漠然とした予感によるものだ。美の享楽者は、散歩の際に色とりどりの家々のファサードが並んでいるのを見るように、人生の日々も続いていってほしいものだと願う。歩くことは、偶然の出会いに巧みになること、大通りを曲がったところで驚異にとらえられ、あるいは、さっと逃げ出し、通りを渡る時のように、瞬間瞬間を乗り越えてゆく術を身につけることである。多数であることを享楽し、分散の中で自らを忘却することだ。

ふたつめの倫理的なステージに関して、わたしが思い浮かべるのは、日曜日の歩行者が——キェルケゴールなら「既婚男性が」と補うところだろう——静かな「義務」として自らの道をたどっている姿だ。重々しく、規則的に、静かな足取りで、彼はいつも同じ道を歩む。その儀式の中にある深刻で、尊敬に値する何かを見逃してはならない。そこに単に主体性を欠いたルーティンや、決まり事への順応性のみを見るのは安易に過ぎる。「義務」と「一般性」を旨とする男は、責任を負うこと、似たり寄ったりの日々という凡庸な重荷をその肩に担うこと、自分自身への、そして他者への忠実さを選んだのだ。日曜ごとの散歩は、彼にそのことを確信させてくれるが、同時にまた、完遂されないものの重さも感じさせる。というのも、自らの義務を果たしきるということは、ついぞ起こりえないことだからであり、自らを維持し、自らに耐えるということにもまた終わりがなく、同じ道をたどり直すということもいつまでもできてしまうことだからだ。だが、倫理的な歩行者は、安心した気持ちで歩いてゆく。彼はどこかに行かなければならないということを知っており、彼にとっての歩行の甘美さとは、ひどく単調で、じつに重々しいその道が、同時にまた絶対的に廉直《れんちょく》な道であるということに存するのだ。

では、三つめの宗教的なステージはどうだろうか？　歩行は重さからの跳躍、あるいは解放となるのだろうか？　恍惚、あるいは至純のものとして舞踏が再発見されるのだろうか？　わたしが思い出すのは、『おそれとおののき』におけるアブラハムに関する一節である。イサクの父であるアブラハムが、息子の手を引いてモリヤ山を登る瞬間を、キェルケゴールの筆は執拗に描写する。そこには「彼らは、無言で歩いていく」という一文がある。確かに、彼らは黙っていなければならなかった。言葉を発したりすれば、説明をすることになり、理由を与えることになる。アブラハムはただ信じるがゆえに歩む――そうなのだろうか？　むしろ、歩むがゆえに信じるのではないだろうか。歩むということには、言葉を弄《ろう》することよりもひたむきで、より強く、より決定的な力がある。言葉は、我々に疑いを抱かせ、進む道を変えさせ、来た道を引き返させ、足止めをする。

沈黙の歩み、それは不条理の歩みである。だが、それは、無言のうちに貫かれる信仰そのものであり、人に足を踏み出させ、その歩みに勢いをつける。

# 巡礼の道

Pèlerinage

歩くことには、楽しみとしての散歩や、山歩きや、気ままな放浪などがあるが、それだけにはとどまらない。歴史の中には、形式化され、定型化され、手順や終着点や目的がはっきりと定められた歩行も存在した。そうした文化的な型を持つ歩行の典型が「聖地巡礼」である。

巡礼という語の語源であるラテン語の peregrinus（ペレグリヌス）に立ち返ると、その本来の意味は「異邦人」「追放された者」である。つまり、巡礼者（ペルラン）とは、ローマやエルサレムといったどこか特定の場所を目指して出発する者ではなく、自分の国とはいえない土地を歩いている者を指すのだ。教父たちはこう説いた。我々人間はこの地上において、通過中の旅人にすぎず、仮にこの世に身を寄せているだけなのだ。したがって、我が家といえど一夜かぎりの山小屋、財産といえど一時しのぎの荷物、友人といえど道端で出会った人とみなすべきなのだ。お日和の話などをして、握手を交わしたら「よい旅路を」と送り出す。この世においては万人が「巡礼者（ペルラン）」なのだ。人の一生そのものがさすらいであり、真の住処はこの世にない。大地はあまねく仮りの避難所であり、やがてはそこを去るのみだ。サンティアゴ・デ・コンポステラの巡礼の歌には、次のようなものがある。

**共に道を行く人よ　道を続けねばならぬ**
**足を止めることなく――**

かつて、「巡回僧《ジロヴァーグ》」と呼ばれた僧侶たちは、そうした永遠の流浪者の状態を体現していた。僧院から僧院へ絶え間なく歩き続け、ひとところに居続けることは決してない。今もなお、アトス山のあたりに数人の僧が存在するとされる。彼らは交差する小道を行き来しながら歩き続け、日が暮れると、足が自分を運んできたその場所でそのまま眠りにつく。目的地も目標も持たず、ただ祈りの言葉を低く呟いて生涯を送る。十字路や分かれ道ではとくに根拠なく道を択《えら》び、来た道を戻ったり、曲がったりする。彼らが歩き続けるのは、どこにも行き着かないためだ。

だが、やがて、この巡回僧たちは批判を受けるようになる。曰く、人の善意につけ込んでいる浮浪者にすぎない。そして、そのような信仰の示し方が公的に禁じられるようになる。やがて、教皇ベネディクトゥスが「修道僧の定住」なる規定を制定し、「ペレグリナチオ・ペルペトゥア（永遠の巡礼）」とは、あくまでも比喩であり、これを深めるにあたっては祈祷および修道院での定住的な瞑想によるべし、と断言した。さかのぼること数世紀前、すでに「砂漠の教父たち」（とりわけエジプトの教父たち）は、殉教者と隠遁者を明確に区別していた。確かに、xenateia（クセナテイア＝世界から外れてある状態）を顕揚《けんよう》する必要はある。だが、人々から奇異の目で見られる流浪生活を通してそれを示すには及ばない。静かに孤独な瞑想生活を送れば十分ではないか、と。

「永遠の巡礼《ペレグリナチオ・ペルペトゥア》」は、出発し、身を引きはがすようにして、すべてを断念するという身ぶりを象徴していた。キリストは、そのようにして弟子たちを道に誘ったのだった。妻や子供たちを置き、土地や仕事や身分は捨て、ただ福音をもたらすために歩むのだ（「持ちものはすべて売り、貧しき人々に与え、それからわたしについてきなさい」)。キリストよりもはるか前、すでにアブラハムが神の呼びかけに応え、すべてを手放していた(「わたしが示す土地に行け」)。歩きだすことは、改宗の結果であり、呼びかけへの応答なのだ。歩きだすのは、しがらみを断ち切るため、騒ぎや喧噪と手を切るためだ。

真の意味で歩きだすことは、一連の「さよなら」を背後に蒔《ま》いてくることだ。戻ってくるという確信があることは決してない。出発は、どんな時にも、眼差しを深くする。出発をするその瞬間、その朝の光の中で、山小屋に――その質素な塊に、背後に立ち並ぶ木々に――最後の一瞥を送る。歩き始め、あと、もう一回だけ、振り返り、見つめる。

だが、その視線は何かを奪おうとか、引き留めようとか、取っておこうとかするものではない。それは、ただ、揺るぎなくそこにある岩々や低木の茂みの上に、眼差しという小さな光を残そうとするものなのだ。歩く者は、名もなき氷河の上に、歴史なき草原の上に、ただ眼差しという束の間の明かりを落としながら進んでゆき、そのほのかな光は、いつしか事物の奥へと染み込んでゆく。歩くことは、世界の不透明さへと切り込んでゆくことなのだ。

巡礼は、単なるメタファーではない。その存在は、歴史的かつ制度的なものである。中世を通じて、巡礼は特別で具体的な存在だった。「巡礼者」であることは、ひとつのステイタスだったのだ。巡礼者の身分に入るには儀式的で、公的な手順を踏む必要があり、荘厳なミサを経なければならなかった。儀式の最後に、司教が巡礼者の持物《アトリビュート》を祝福した。すなわち、巡礼杖(歩くのにも、獣から身を守るのにも使用される、先端が金属でできた長い杖)、糧食と身分証明書を入れる肩掛け袋である。袋は大きすぎてはならず(自らの力は神への信仰心から引き出すべきだから)、獣の皮でできていなければならなかった(苦行中であることを思い出させるため)。また、袋の口はいつも開けておくべきだった。巡礼者自身、いつでも他者に施し、分かち合う用意があるということの象徴として。巡礼者はまた、つばの広い帽子によっても、そうと見分けられた――そのつばの前部を折り返し、サンティアゴ・デ・コンポステラからの帰路であることを象徴する「貝」が付けられていることもあった。また、短いチュニックや、身を包むケープからも巡礼者だとわかった。教区の司教や司祭たちは、出立のミサの際に、聖地までの「安全通行証」となる書簡を巡礼者に授与した。その一筆があれば、僧院にも泊めてもらえるし、街道を荒らす追いはぎからの身の守りともなる。聖別された巡礼者を襲うようなことがあれば、天罰を免れない身となるからだ。出立の儀式がおごそかで真剣なのは、巡礼への旅立ちが「小さな死」でもあるからだ。ローマまで、サンティアゴ・デ・コンポステラまでは、何カ月もかかり、無事に戻ってこられるという保証はなかった。疲労の果てに行き倒れるか、山賊の一味に殴り殺される危険もあった。溺死したり、墜落死したりすることもあった。巡礼者は、出立の日までに、往年の敵と和解し、もめ事に片をつけ、遺言書をしたためることを自分に課していた。

だが、なぜ巡礼に発つのだろうか? 第一に、信仰心を深めるためだ。Devotionis causa(デボチオニス・カウザ=敬神のために)。巡礼には、聖地訪問という、輝かしい目的がある。巡礼者が目指すのは、使徒が眠りについた地や、聖者の葬られた名高い場所である。サンティアゴ・デ・コンポステラの聖ヤコブの墓、ローマの聖《サン》パウロ大聖堂や聖《サン》ピエトロ寺院、エルサレムにある空のキリストの墓、もっと慎ましい例では、トゥールの聖《サン》マルタン聖堂など。

だが、巡礼の旅に出るのは、重大な罪を犯した者が、その罪を贖うためでもあった。信者や聖職者が重罪を告白した場合、たとえば、人殺しをしていながら、人間による裁きの場に引き出されていない場合など、巡礼による悔悛が命じられることがあった。中世期には、世俗の裁判所でも、父殺しや強姦を犯した者が遠方への巡礼の刑に処されることがあった。これには、そうすることによって、罪を犯した者を共同体から遠ざけるという利点も含まれていた。また、異端審問の裁判所が、異端者に対して、この一時的な流刑を命じることもあった。歩き続けることが懲罰となったわけだが、そこに苦痛を増幅するような特別なしかけを追加することができた。裸足で歩かせたり、足枷をつけたり、腕や首に重い鋼《はがね》の輪がつけられることもあった。鋼の輪は、時には、罪を犯した際の凶器を鋳直して作られることもあり、歩き続けるうちに、汗と涙で錆びついた。そうした条件がなく、単に雨と寒さと風になぶられて歩き続けるだけでも(巡礼者は完全に戸外に晒されている)、それが何カ月にも及べば、それだけで十分な受難となった。昔も今も、歩く足は激痛の湧き出す井戸になることがある。

信仰の証しや、罪の贖いの他に、何かを祈願するために巡礼に行くこともある。たとえば家族、子供、友人が病気になると、人は聖人の墓前まで直接に赴き、加護を求める。巡礼は長い道のりだが、巡礼者はまさに道中の労苦によって心身を浄化されながら聖地に近づく。疲労は高慢を突き崩し、祈りはより澄明《ちょうめい》なものとなる。ついに聖地にたどり着く頃には、足は傷だらけ、服は埃まみれで見る影もなくなっているが、その時初めて祈りの言葉を口にすることができる。自分自身が病気の場合には、聖遺物を納めた石の上にじかに寝て、聖なる力と触れられるようにする。そして丸一夜、そこで横たわることによって、聖地の霊力が身体に力を吹き込んでくれるよう祈る。さらにはまた、すでに恩寵を受けた時や、病気が快癒したことへの感謝のためになされる巡礼もある。たとえばデカルトは『方法序説』の「方法」についての天啓がひらめいた時、イタリアにあるロレットの聖母堂まで巡礼を果たしている。また、願いが実際に成就した時には、感謝の念を示すために、家から一番近い聖地まで足を運ぶことが通例だった。

とはいえ、こうしたイメージや伝説には、少々の手直しと相対化が必要だ。「巡礼者」といえば、黒外套をまとい、贖罪のために、杖を手に、黙々とひとり歩いている姿が思い浮かぶが、これには誤解を招くところがある。実際の巡礼は、道中の安全をはかるために、小さなグループで行なわれることが多かった。また、距離が非常に長い場合には、しばしば「馬」に乗って進んだ。目的地が近づいてきたら、それが教会の屋根の先端がぽっつりと見えただけでも、大聖堂の鐘楼のシルエットがうっすらと目に入っただけでも、たちまち大地に足をつけるべきだとされていた。要は、巡礼とは、最後は必ず歩いて終えねばならないものだったのだ。それは、貧しき者の中に、もっとも貧しき者として生まれてきたキリストに思いを馳せるためだった。巡礼者もまた、貧しき者の中でも、もっとも貧しき者として、徒歩で行かなければならない。徒歩であることの謙虚さ——それは、一歩一歩を踏みしめることを通じて、地上に生を享《う》けたことの重みを感じながら、やがて入る墓としての大地の存在を受け入れることなのだ。

＊

キリスト教徒にとってのもっとも重要な巡礼の道は、ローマあるいはエルサレムへの道である。三世紀以降、エルサレムは「完全な巡礼地」、つまり、現地に身を置くことがすなわち達成であるような場所となっている。キリストその人が歩いた土の上を踏むこと（「彼の足が立ったところ ubi steterunt pedes ejus」と『詩篇』にある）、ゴルゴタの丘への十字架の道行きをたどってみること、十字架の木に近づき、聖なる御言葉が響いた洞窟のそばに立つこと。だが、当地での紛争や混乱により、その道のりはしだいに危険なものとなり、ローマのほうがより安全な目的地として台頭してきた。ローマに眠るのは、聖ペテロと聖パウロだ。一三〇〇年以降、全贖宥《ぜんしょくゆう》の行なわれる「聖年」が宣告されるようになって以来、「聖年」にローマに行き、聖地から聖地を巡る巡礼をすれば（サン・ピエトロ寺院、サン・ジョバンニ・イン・ラテラノ大聖堂、サン・パオロ・フオーリ・レ・ムーラ大聖堂……）、完全なる罪の赦しが得られるものとされた。ローマは、信仰の証しの地であり、救済の地でもある。

一方、サンティアゴ・デ・コンポステラは、もうひとつの主要な巡礼地として重要である。聖ヤコブ——使徒のうちでも最初の殉教者で、キリストがとりわけ目をかけていた三人のうちのひとり——の遺体は、彼の弟子たちによって小舟に乗せられ、ガリシアの浜辺に漂着したと伝えられる。そこから、また陸へと移され、埋葬された。だが、どこへ？　天使のお告げを受けた隠者ペラギウスが流れる星の光を追ってゆくと、はたして、古びた墓が見つかった。人々は墓の上にまず小さな聖堂をつくり、次いで教会を建て、最後には大聖堂を建てた。

歴史的には、かなり後発の巡礼地であるサンティアゴ・デ・コンポステラが大成功を収めた理由を理解するには、「利便性」というファクターを考慮に入れる必要がある。聖ヤコブは偉大な聖人ではあったが、その墓が聖ペテロや聖パウロの墓よりも「訪れやすい」場所にあったことは大きい。また「ヤコブの道」の人気の理由には、聖地に至るまでの道のりそのものの魅力ということがあった。ローマやエルサレムの場合には、聖地それ自体があまりにも圧倒的な神秘性を秘めているために、そこに至るまでの「道のり」は、単なる中継地や経由地点の連なりにすぎないように見えてしまう。聖地が放つ荘厳な輝きのために、道中の町や村の特異性が霞んでしまうのだ。さらに、ローマやエルサレムでは、当地に着いてからが、巡礼の「始まり」となる。ローマに着いたら、サン・ピエトロ寺院、サン・ジョバンニ・イン・ラテラノ大聖堂、サン・パオロ・フオーリ・レ・ムーラ大聖堂、サンタ・マリア・マッジョーレ教会、サンタ・クローチェ・イン・ジェルサレンメ聖堂、サン・ロレンツォ・フオーリ・レ・ムーラ大聖堂へと赴かねばならない。さらに最初期の殉教者たちの墓が並ぶカタコンベや回廊も巡ることになるだろう。そうなると、聖地までの道のりをまずは踏破してしまってから、永遠の都ローマで真の巡礼を行なおう、ということになるのだ。

エルサレムは、キリスト教徒にとっては、イエスの受難の道をたどる土地だ。聖墳墓教会で祈りを捧げた後、信者は再び「苦難の道《ヴィア・ドロローサ》」を歩き直し、町の東へと赴いて、イエスが最後に祈りを捧げたオリーヴ山を登る。イエスが捕らえられる前夜に祈ったゲッセマネの園を巡り、その後、シオンの丘の上の城壁の内側にある「晩餐の間」に向かう。そのふもとには、聖ペテロが三度キリストを否認したという地に建った教会があり、さらに道を続けるならば、ベツレヘムにも行ける（徒歩で二時間ほど）。もっと遠く、もっと北へと足を延ばすなら、ガリラヤ湖（幼少期のキリストゆかりの地）の湖畔にも行かれる。ナザレに向かうなら、マリアが受胎告知を受けた洞窟がある。ローマ同様、エルサレムにおいても、巡礼は聖地に着いてから始まるのだ。

それに対して、サンティアゴ・デ・コンポステラでは、ひとつの大聖堂が唯一無二の輝きを放っている。太陽のように、旅の終着点そのものだ。大聖堂の雄姿は、「喜びの丘」から初めて目にすることができるが、疲れきった巡礼者たちはそこで歓声を上げる。巡礼者が馬で来ていれば、すぐに馬から大地に降り立ち、徒歩で来ていれば、靴を脱いで素足で歩きだす。サンティアゴにたどり着くということは、旅の終わりに到達したことを意味する。サンティアゴ・デ・コンポステラの地理的な位置は、その魔力の一端である。西欧の最西端（人はいつも「西」を目指す、とソローが言っていた）、世界の果てだ（Finis terrae フィニス・テラエ、その先には、果てしなく広がる海しかない）。サンティアゴ・デ・コンポステラに向かうには、ただ太陽の動くほうへ向かって歩いてゆけばよい。

聖ヤコブの墓は、そこまでの道のりを闇に沈めてしまうほど強烈な光は放っていない。その光は、むしろ、そこに至るまでの街道に点々と明かりを灯す。コンポステラは、旅を完結させるものだが、旅を無効にしない。コンポステラの特筆すべき点は、道を――いやむしろ「道すじ」を――聖なるものとしたことだ。どのような道を選ぶか、その道にはどんな出来事が待っているのか。それこそがコンポステラの発明だった。巡礼路という枠組みが生まれ、途中で立ち寄るべき聖地や巡礼地がステップとして定まってきた。主要なルートは四つだが、無数の分岐路がある。たとえば、ヴェズレーから出発するなら、マグダラのマリア前で黙祷し、ノブラに赴いて、聖レオンハルトの墓を訪れる。聖レオンハルトは「闇に潜むものたちからの解放者」として知られている。聖マルティヌスの遺体が埋葬されたトゥールから出発するなら、洗礼者ヨハネの「ヴェネランドゥム・カプート（聖なる首）」が祀られるアンジェリへと向かう。次にサントでは、一五〇人の処刑人に命を奪われた聖エウトロピウスの遺体に黙祷を捧げる。ル・ピュイの聖母マリア像から出発するのであれば（「ヴィア・ポディエンシス」のルート）、コンクへ向かい、殉教の乙女である聖フィデスの聖遺物を崇拝する。サン゠ジルの聖アエギディウスの墓から出発するならば、トゥールーズの聖サトゥルニヌスの聖遺物を回ることができる……。一二世紀に編纂された「カリクストゥス写本」に収められた『サンティアゴへの巡礼案内』には、聖人たちの聖遺物から聖遺物へと巡る旅程が事細かに説明されている。

これらの巡礼路は、物語や詩を刻む板のような役割も果たした。中世文学史家のジョゼフ・ベディエは「初めに巡礼路あり」と述べている。物語、小説、叙事詩――これらの初めには、巡礼路があったのだ。巡礼の道は、多くの文学の揺籃《ようらん》となり、聖人たちを讃える歌が、その土埃の中から生まれてきた。夜の団欒では、前夜に耳にした物語が語り直され、新たなエピソードが編み込まれながら、場面の順番が組み替えられていった。聖地コンポステラの奇蹟は、「プリムス・エクス・アポストリス（第一使徒）」と巡礼歌に歌われている聖ヤコブの奇跡譚だけでなく、そこに「巡礼路」の奇跡譚を響かせたところだ。

# 自己の新生、世界の新生

Renaissance de soi, renaissance du monde

巡礼の根底には、「再生」という神話と、「いまここにある」という理想郷が宿っている。聖ヤコブは巡礼の霊験を体現する存在だが、その理由のひとつは、彼が「キリストの御変容[79]」の最初の目撃者であったことだ。「変容する」ということは、今日もなお、巡礼者の企図《きと》であり続けている。巡礼から戻る時には、何かが「変わって」いなければならない。変容とはすなわち、新たに生まれ変わることであり、それゆえ聖地の近くには、たいてい泉が湧き出し、小川や大河が流れている。人は、清めの水に浸かり、我が身を洗い流され、新たな存在として水から上がってくる。

再生の探求の例としては、チベットのカイラス山への巡礼を挙げることができる。巨大な台地の上に載せられているかのようなその氷の穹窿《ドーム》は、東洋の諸宗教にとっては「宇宙の中心」とも呼ばれる聖地である[80]。巡礼の出発点は広大なインド平原のどこであってもいい。凍えるような寒さの鞍部を越え、うだるような暑さの谷間を進み、それを繰り返しながら、ヒマラヤ山脈を何百キロも踏破する。体力を奪い尽くす道であり、高山につきものの試練や危険もある。急勾配の山道や崖に近い道。必死の登攀を続ける中で、巡礼者は自分のアイデンティティや過去の記憶さえも失ってゆく。

峠を越えると、プランの谷に出る。それまでとは違う風景が広がっている。きらきらと輝く、透明な鉱物質の世界。雪を頂く暗い岩の峰々や、白い霧に包まれたうっそうとした樅《もみ》の森はもうどこにも見えない。きっぱりとした天と地の対比だけがある。世界の始まりのような光景。灰色、緑、薄茶色の、何もない広がり。過去を洗い流された巡礼者は、その透明で乾いた世界を進んでゆく。

するとはるか遠くに、また、きらきらと輝く、別の山脈が見えてくる。巡礼者はもはや、なにものでもない。その黒い湖、黄金色の丘陵、鉛色の大地のあいだを蛇行する道のりこそが「闇の試練」なのだ。「神々の土地」に達するためには、最後にもうひとつの峰を越えねばならない。前方に浮かぶ白い穹窿《ドーム》の威容が目に入り、どうにか気力を奮い起こす。沈みゆく氷の太陽のごとき、堂々たる、不動の神山。カイラス山の突き出した頂が自分を呼んでいる。五〇〇〇メートル以上あるグラの峰を越えると、魂にまで染み込んでくるような、永遠の閃光に迎えられる。唐突で、果てしなく、揺るぎない広がり。眼下には、深い青色を帯びたマナサロワール湖が輝いている。カイラス山がとうとうその威容の全貌を現したのだ。空気があまりにも澄んでいて、すべての目に見えるものが光に満ちている。聖なる山がこうしてそこにあること。世界の中心たるあの山が、自分の目の前にあること。自分の目が映し出しているものに圧倒され、めまいを覚えながらも、巡礼者は、征服した者であると同時に、征服された者でもある。ふたつの衝動に刺し貫かれた彼は、勝利の雄叫びをあげるべきか、その場に泣き崩れるべきかわからない。視線は山を支配している。だが、その雄姿に自分は押し拉《ひし》がれている。相反する強い気持ちに引き裂かれて、震えがくる。音叉《おんさ》のように、二本の足が震えている。何カ月にもわたって自我を洗い落とされて穿たれていた空洞に、一気

79【訳注】イエスが山上で光り輝き、神性を啓示したとされる
80 ラーマ・アナガリカ・ゴーヴィンダ『白き雲の道——チベットの仏教僧の巡礼』

に何かがあふれ返る。これだ、確かにここだ、今、こうして、目の前にある。その気持ちは、あたり一面に見える無数の極小の山（三つ、四つ、あるいは五つの石を、手で三角に積み上げたもの）の存在によっていよいよ掻き立てられる。自分と同じように、疲労と恍惚に包まれ、ここまで来た巡礼者たちが他にもいたのだ。彼らが遺していったその鉱物質の供物からは、そこにはいない人々が奏でる楽音《がくおん》の調べが聞こえてくる。

さて、もう少し、あと数日間は、歩を進めなければならない。東洋の宗教儀礼には、「周行」と呼ばれる、聖地のまわりを祈りながら「一周する」儀礼があり、カイラス山はまさに神々が氷に刻んだ神殿だからだ。巡礼者にとっての最大にして最後の難所は、標高五八〇〇メートルのドルマ峠を登り、再び谷に下るという試練である。人間を拒むかのようなこの高みに達した者は、瀕死の人のように岩の上に伸びきったまま、これまで愛おしいと思えなかった人々のことを思い返す。自分の過去と和解したうえで、それに最終的な別れを告げるのだ。

それから「憐れみの湖」（エメラルド・グリーンをしたガウリークンド湖）まで下り、自分のアイデンティティも、経歴も、自分自身であるようなものは何もかも洗い流す。巡礼の終わりだ。巡礼者は、その後、解脱し、超脱し、善意に満ちたものとして新たに目覚める。

巡礼の中には、より完全で、宇宙的な新生に至ることを目指すものもある。メキシコの民族ウイチョルの人々が行なっているペヨーテの道がそれにあたる。シエラ・マドレ山脈の奥地に今も生きるウイチョルの共同体は、毎年、トウモロコシの収穫を終えた一〇月が来ると、サン・ルイス・ポトシの砂漠まで、徒歩で向かう。四〇〇キロ以上ある、石と砂に覆われた道だ。砂漠には薬草としての効力と幻覚作用を併せ持つ、棘のない小さなサボテン、ペヨーテが生えており、柳で編んだ大籠にこれを収穫すると、歌を歌いながら故郷まで帰ってくる。

この巡礼の準備の際には、村が総がかりになって、生贄を捧げ、儀式を行なう。たとえば、旅の途中で出会う主要な神々への供物は、鹿の血でひたされていなければならないため、鹿狩りが行なわれる。参加者ひとりひとりには儀礼のための名前がつけられ、行列の順序の中で何らかの役割が与えられる。また、自らに断食を課さねばならず（決まった時間にしか飲み物を口にせず、一切の性的な交渉を断つ）、五日目になると、公開の場ですべてをさらけ出す告解を行なう。旅の終着点ウィリクタは、先祖たちの土地とされ、ペヨーテの生える聖地である。行路は太古の昔から変わらず、同じ道すじがたどられる。道中では、あらゆる伝承、魔除け、救いの呪文に知悉《ちしつ》したシャーマンが、進むべき道の読み解きを行なう。道が曲がり角にさしかかると、シャーマンは足を止め、うやうやしく祈願の言葉を捧げる。それから、聖杖《せいじょう》の先につけた羽根の束で浄めるようにして、空間を押し開く。そうすれば「雲の門」を越えることができるのだ。雲の門をひとつ越えるごとに、またひとつ聖なる空間を抜けることができる。道中のひとつひとつのものに、伝承が宿っている。地面に散らばったこれらの石たちは祖先が忘れていった矢尻であり、泥の広がるこのあたりの湿地は世界の臍《へそ》である。この泥の水たまりは、ある神様が残された痕跡なのだ。そうした場所では、必ず足を止め、禊をし、供物を捧げ、羽根で飾られた弓を植えねばならない。それからまた旅を続け、

「太陽の山」を目指す。

　不毛な風景だけが続く。祖先の土地はもうすぐだ。巡礼者たちの顔つきが険しくなる。ここには「何か」が充溢《じゅういつ》している。突然、一行のリーダーが、一頭の大鹿を見たと断言する。誰もが厳粛な面持ちになる。鹿が現れた地点まで、リーダーについてゆく。リーダーは弓矢の先で地面を指し示す。目には見えぬが、鹿の角が落ちたその場所だ。そこには、一本のサボテンが生えている。リーダーは伝承を繰り返す。ペヨーテが生まれたのは、太陽神が鹿の神に向けて光の矢を放った時である。その鹿の角は、地面に触れた時に、この貴重なサボテンに変わったのだ。

　巡礼者たちは、ペヨーテを囲んで祈祷を始め、ひとつひとつ供物が捧げられる。ここまで歩いてきた者たちに、強さと超常の力を授けてくださるように、と祈願がなされる。しかるのち、シャーマンがサボテンを根から掘り起こし、ひとりひとりにその果肉を分け与える。受け取ったものは、「汝、命を求めて来た者よ、ここに命あり」という誦句《しょうく》を唱えながら、その果肉を食べる。

　巡礼者はウィリクタに三日間留まり、サボテン集めにいそしみ、柳の籠をいっぱいにする。その一方で、毎晩、幾ばくかのサボテンを口にする。その夜に見た夢はすべて分析され、分類され、来年はどんなふうに村の仕事を分担するかが決められる。それから、帰路につき、また四〇〇キロの道のりを折り返してゆく。

　ウイチョルの人々がこの旅を行なうのは、もちろん薬草ともなり、活力も与えるこのサボテンを採りに行くためだが、それは同時に、世界が滅びないようにするためでもある。ペヨーテは火の神であり、トウモロコシと鹿と共に、神聖な三位一体《さんみいったい》を成している。神話が伝えるところでは、この遠征を初めて行なったのは、闇と死を克服した神であり、それは、乾期と雨期を交互に巡らせ、火と水の力の均衡を守るための行為だった。この調和が生命の基盤となり、たとえばトウモロコシは、水も必要とするが、太陽も必要とする。したがって、この原初の遠征をなぞり直すことは、宇宙の均衡を保持し、世界の安定を保障することでもある。世界をもたせるためには、歩き続けなければならないのだ。

これら「本当にあったこと」として受け継がれてきた神話は、どれもみな同じことを告げており、それは、歩くことは、自己も含めて、存在するものを、さらに十全に存在させる行為だ、ということだ。先に述べたように、聖遺物を納めた箱は、巡礼の目的地として特別視されている。聖地に身を置くというのは、大理石の覆いの下に横たわる聖者の身体のあるその場所に、物理的に存在するということであり、それはもはや、象徴でも比喩でもない。なぜなら、現に、ここがそこなのだから。だが、そこに至るためには、歩いてやってこなければならない。

「いまここにある」ということは、波のように広がるものだ。アヴァロンの最後の丘を越えた先に、遠くヴェズレーのサント＝マドレーヌ大聖堂が見えてきた時に、そのことがわかる。ゆっくりと歩いてゆきながら、沈みゆく夕日の中で大聖堂の変わりゆくさまを目にしなければならない。その姿は時に見えなくなったり、また現れたりするが——歩いて近づいてゆけば、それがそこにあるのだということ、そこで確かに自分を待っているのだということに確信が生まれる。門の前に着き、とうとう歩みを止める時、巡礼者には、肉眼で大聖堂を見る必要はほぼなくなっている。頭のてっぺんから足の先まで、もうすっかり大聖堂の存在に満たされているからだ。

その日一日がすべて「変容」してゆく。一歩一歩、自分を磁石のように惹きつけてきた存在の場所まで、自分のこの足でたどり着いたのだから。だからもう、帰路は往路とは違う輝きを持つ。疲労としばしば倦怠に襲われながら、それでもやりきったすべてのことが、そうするだけの意味があったのだと確信させてくれる大きな存在を前に、すべて必要で幸福な瞬間として変容を遂げてゆく。歩くことによって、時間というものもまた、取り返しのつくものになるのだ。

# 犬儒派《キュニコス》の歩み

La démarche cynique

ギリシアの賢人は、よく歩いたのだろうか？　彼らのことを思い浮かべる時、わたしたちは、立った姿や、ゆったりと歩く姿で思い描くのを好む。立ち並ぶ列柱の下で、あるいは木立を抜けて、時には立ち止まり、踵を返し、また別の道を進んでゆくと、後ろから慌てた弟子たちがついてくる、といったふうに。ラファエロは《アテネの学院》を描いた時、古代の哲人を、立った姿で、しっかりした足取りで、人さし指をぴんと立てた姿でとらえている。

ソクラテスには、じっとしているということができなかった。広場《アゴラ》でいつもそわそわと行ったり来たりしていた。遠くからでも、ソクラテスが呼びかけたり、問いかけたりしている声が聞こえてきた。だが、ソクラテスは歩くことそのものが好きだったわけではなく、単に、広場や競技場の近くで人に会いたかったのだ。クセノフォンが『ソクラテスの思い出』にこう書いている。「彼はいつも人目のあるところで時間を過ごしていた。朝も早くから、体育場の散歩道を訪れ、市の立つ日には欠かさずにやってきた。人がいちばん多く集まりそうな場所に行っては、話しかけたり、質問をしたりするのをやめなかった」（一巻、一章、一〇節）。ソクラテスはいつも立っていて、いつも足を動かしてはいたが、歩くことが好きな人ではなかった。『パイドロス』（230d）では、ソクラテスは自分自身のことを、散歩に興味が持てず、野山の散策には腰が上がらないほうだと認めている。自然はソクラテスの心に訴えるものがなかったのだ。

ディオゲネス・ラエルティオスが残したわずかな記述によれば、プラトンは歩きながら教えを説いていたようだ（『ギリシア哲学者列伝』三巻、二七節）。また、アリストテレスには「逍遥学派《ペリパテティコス》」

(peripatêtikos =散歩好きな人)という異名が与えられていた(五巻、二章)。アリストテレスが創設した「リュケイオン」は、イリソス川の河畔にあった古い体育場で、そこには「ペリパトス」(peripatos =柱廊)が設けられていた。「ペリパテイン peripatein」は「散歩する」という意味だが、「会話する」「歩きながら対話する」という意味もある。だが、ディオゲネス・ラエルティオスは、アリストテレスはひどく細い脚をしており、ある程度の弟子を持つようになってからは、座って話すようになったという。ストア派のエピクテトスは、じっとしている聴衆に語りかけた。エピクロス派の哲学者たちは、大木の陰に身を寄せ、半ば横たわりながら、穏やかに語り合った。

そんなわけで、ギリシアの賢人たちのうち、本当に「歩行者」と呼べそうなのは、キュニコス派[81]のみであった。いつでも彷徨し、放浪し、通りをうろついている。文字通り「犬のように」。いつでも路上にあり、町から町へ、広場から広場へと移動していた。

キュニコス派の者は、その風体からわかる。長い杖をつき、肩にはコートにも屋根にもなる厚手の布を掛けており、物がほとんど入っていないずだ袋が、あばらの浮き出た脇腹を打っている[82]。足は素足かサンダルだ。中世の托鉢修道僧たちに似たところもあるが、キュニコス派が口を開くの

81 キュニコス派【訳注:犬儒派、キニク派ともいう。フランス語では「シニカルな」を意味する】は、ギリシア語の kuôn-kunos(犬)から来ている。粗野な生活を送り、大衆を罵倒し、人間社会の偽善を告発してやまない人を指した。現在の「シニシズム」の意味とは大きく異なり、現在では、むしろ不公平なシステムから最大限の利益を引き出し、もっとも基本的な価値までも蔑ろにするような態度を指す

82 ディオゲネス・ラエルティオス『ギリシア哲学者列伝』六巻、二二—二三節

は布教のためではない。挑発し、罵倒し、顰蹙《ひんしゅく》を買い、攻撃するためだ。芸《アルス》としての毒舌の実践。

彼らの言葉遣いもまた、その風貌と同じくらい、特徴的だ。話をするというよりは、吠える。棘のある、ざらざらした言葉の数々。キュニコス派の者が広場にいようものなら、集まった群衆は、罵声を浴びせられながら、長広舌を聴くことになる。その猛烈な毒舌芸を聴くのは楽しいことには違いないが、同時にそこはかとない不安も感じている。誰もが標的になりうるからだ。自分の普段の振る舞いや偽善ぶりが暴露されないとも限らない。だが、そこに学問的に巧妙な論証や、道徳的な説教があるわけではない。キュニコス派の者は吠え、真実に食らいつく。結婚、権威への恭順、エゴイズム、人々の称賛を得ようとすること、卑怯さ――ありとあらゆる妥協の産物や慣習のことごとくが罵倒され、嘲弄《ちょうろう》される。流浪の身の立場から、すべてが俎上に載せられ、糾弾され、責め立てられる。

キュニコス派の思想は、以下に述べるように、四つの体験の次元で実践されるものだが、そのどれもが「歩く者」の条件と関係している。そのどの次元も、街の中で展開されれば、爆弾のような破壊力を発揮することになる。

*

第一に、キュニコス派は、根本的《エレメンタル》なものの価値を顕揚《けんよう》する。粗削りの生活は、キュニコス派の実践者を自然界《エレメント》の力やその野蛮さとまともに向き合わせる。吹きつける北風、降りしきる雨、灼熱の太陽。歩くことで、それらに身を晒すことになる。身の守りになるような所有物も持たない。だが、そうした生活によって、彼らは、原初的な生存の真実を取り戻す。第一エネルギーの真実としての、根本的な生存。

「机上の哲学者」は、見かけと本質を対立させる。感知可能な世界の舞台裏、目に見える覆いの向こう側にこそ「本質」があり、「純粋さ」があると語る。そのような哲学者は、自身の思索の透明な永遠性は、さまざまな色や香りの「向こう側」にあるのだとちらつかせる。感知可能な世界など錯覚や偽りにすぎず、身体は仮面にすぎぬ、真の真実は永遠の本質を知覚する魂の中にこそ集約されるのだ、と。

キュニコス派はそんな使い古された二項対立を破壊する。見かけの向こう側へ行って世界を再構築しようなどとはしないのだ。むしろ、内在そのものを掘り進めて、真実を暴き出す。見かけを支えているものを下から狩り出すのだ。太陽や風が持つ真実とは、その力強さそのものである。出不精の哲学者たちは、永遠の世界に引きこもるために、感知可能な世界はただ通りすぎてゆくだけにするが、その感知可能な世界には、家や森、光や音など、ありとあらゆるものが溶け込んでいたのだ。本当の禁欲とは、それら事物の中へと入り込み、感知可能なものの底をなおも掘り進むこと、これ以上は絶対に突き崩せない、根本の根本であるようなものに突き当たるまで進むことだ。

キュニコス派は、存在を呼吸しながら孤独に生きる隠者ではない。キュニコス派の歩みは、政治的なのだ。彼らは、自らの内面的な豊かさなるものの上で、ゴキブリのようにちぢこまり、肩をすくめる室内派の哲学者をあざ笑う。「本質の真実」なるものを笑いのめし、形而上的な恍惚とやらを皮肉ってみせる。真実とは、吹きつける風、活力を与える太陽、興奮を掻き立てる嵐のような自然の力である。それを身をもって体験することは、原初のエネルギーをつかみ取ることだ。

＊

放浪生活が引き起こす第二の体験は、「生《なま》」の体験だ。同時代の人々は、キュニコス派がなんでも生《なま》のまま食べることを非難していた。だが、キュニコス派においては、言葉遣いも立ち居振る舞いも、すべてが生なのだ。ディオゲネスは生きた蛸を飲み込もうとして死んでいった[83]。

態度も、生活の在り方も、言葉も、すべて生《き》のままであることは、その対極にあるもの、すなわち、世間に受け入れられている諸々のものごとと闘うための最大の武器になる。肘かけ椅子に腰を落ち着けた哲学者たちは、自然と人工を都合よく区別するのが得意だが、彼らが「自然」と呼んでいるものは、しかるべき本質に沿って秩序立てられた事物、自らの定義に背くことのありえない存在であり、つまりは彼らが脳内で仕立てあげた自然なのだ。その澄みきった同一性は、因習や偏見といった人工のものに曇らされている。静止型の哲学者は、自らの思索のなかで「事物の穏やかな本質」なるものを展開せざるを得ないだろう。

キュニコス派の哲学者は、「根本的なもの《エレメンタル》（＝四大《エレメント》）」に軍配をあげることで、「本質的なもの《エッセンシャル》」を解体済みにし、それによって「自然」という概念を刷新している。自然とは、生《なま》のものであり、生《き》のものなのだ。「生」とは、根本的な欲求以上でも以下でもない自然そのもののことだ。それは、落ち着き払った「真実」がのんびりと安らうような、捏造された自然ではなく、文明化されない、野蛮で、不都合で、ぶしつけで、スキャンダラスで、恥知らずな、非人間的な、自然そのものだ。身体は、機能している時には、そのままで真実だ。裸でいることは「生」そのものであり、排泄も、自慰もまた、生そのものである[84]。食事とは胃の腑の問題であり、胃袋を満たすか、空にするかだ。犬は眠る時にも、生理的欲求を満たす時にも、もったいぶったりはしない。ただあるがままに行動する。ある日、散歩中のディオゲネスが饗宴に興じている人々に悪態をつき、こんなものは馬鹿どもの集まりにすぎぬとわめきちらしていると、ポン、と犬にでも与えるように、食べ残しの骨が投げ与えられた。ディオゲネスはただちにそれに飛びつき、音をたててしゃぶった。しかるのち、食卓の上に登ると、宴客たちに向かってゆうゆうと放尿してみせた。そう、その通り、紳士諸君、わたしは犬のように食べもすれば、犬のように小便もする、あなたがたと同じように[85]。

キュニコス派は不道徳なわけではない。ただ、身体を、その生物学的な機能より、上でも下でも

83 ディオゲネス・ラエルティオス『ギリシア哲学者列伝』六巻、七六節

84 ディオン・クリュソストモス『ディオゲネスまたは美徳』（第八の弁論）、二七節。ディオゲネス・ラエルティオス『ギリシア哲学者列伝』六巻、六九節

85 ディオゲネス・ラエルティオス『ギリシア哲学者列伝』六巻、四六節

ない水準で単純に肯定し、そこに批判の立場を築く。そして「自然」について語るような顔をしながら、実際には各人が、それまでに受けた善良な教育や、根拠なく正統とみなされてきた規範をそこに持ち込んでいることを暴き出す。椅子に釘付けになった哲学者たちは、「自然」を、社会的な礼節や文化的な偽善性の詰め込まれた外交鞄にしてしまった。すべては隠密に処理される。だが、生《き》のものは、革命的だ。

*

さらに、キュニコス派は「外」で生きている。それが第三の次元だ。確かに、たまたま転がっていた樽の中に入ってしばらく暮らしてみることもないではないが、特定の住まいを持つ、ということは決してしなかった[86]。寝る時には、側溝の中で、城壁にもたれて、羽織り布にくるまって眠る。そういう生活をしていると、風雪に加え、人々の視線にも晒されることになる。戸外でものを食べ、愛の行為もまた、クラテスとヒッパルキアがそうしていたように、戸外で行なった。

キュニコス派における、この「外」という生き方は、「公」と「私」という伝統的な対立を揺るがせにする。そのような区分は、定住者向きのものなのだ。どちらも、大いなる「外」からは守られた、閉ざされた円環であり、そのどちらを選ぶかの問題にすぎない。「私的なもの」の側には、家庭内での親密な感情、秘められた欲望、壁による保護、私的な所有などがあり、「公的なもの」

の側には、好評を得たいという思い、人から認められるための競争、他者からの眼差し、社会的なアイデンティティなどがある。

だが、キュニコス派は、そのどちらでもない「外」に立つ。キュニコス派が「私的なもの」の下劣さも「公的なもの」の悪徳も同時に撃つことができるのは、そのような他所《よそ》、人間社会に対して外部であるような場所にいるからである。彼らは、この「外」という次元に立つことによって、罵倒し、嘲弄し、公も私も結局は人間たちが作った些末な取り決めにすぎぬとして、二者の区別そのものを解体してしまうのだ。

＊

「歩く者」としてのキュニコス派が実践する最後の次元は、「必要なもの」の次元である。「必要なもの」は、運命のように押し付けられるものではない。それは、おのずと見いだされ、隠れなく現れ、自ら勝ち取られるものだ。この「必要なもの」の次元もまた、従来の枠組み、すなわち「有用なもの」と「無用なもの」という二項対立を突き崩すものである。書き物に明け暮れる哲学者は、ベッドは「有用」だが、眠るのに天蓋付きのベッドを欲しがるのは「無用」であるとか、水を飲む

86 ディオゲネス・ラエルティオス『ギリシア哲学者列伝』六巻、二三章

ことは「有用」だが、喉の渇きを癒やすのに金の杯を欲しがるのは「無用」であるとか説いて、それで何かを考えたつもりになっている。だが、キュニコス派にとっては、そのような区分は無意味である。それでは、「必要なもの」かどうかが見極められないからである。

ある日、ディオゲネスは、泉のほとりでひとりの子供が両手を合わせて水を飲んでいるのを目にすると、その姿に驚き、ぴたりと足を止め、こう言った。「ディオゲネスよ、お前はお前を超える人間に出会ったのだ[87]」。そして、ほとんど空《から》のずだ袋に手をいれ、木のコップを取り出すと、ぽーんと遠くへ放り投げ、満足げにほほ笑んだ。なしで済ませられるものがまた一つ見つかったことが嬉しかったのだ。

「必要なもの」とは、つまり、そういうことだ。禁欲を実践する者が最後に獲得するもの。それは、座業のままで安全なことだけを考えている哲学者たちが、「かさばるばかりの無用な富からは身を引きはがすべきだ」などと口先で述べるのとは違っている。「有用なもの」のさらに下を探り求めることで、「必要なもの」を掘り当てるのだ。それは、節制（わずかなもので満足し、注意を研ぎ澄ます）よりも、さらに徹底したものだ。もっと不快で、より困難で、はるかに要求のきつい課題――「必要なもの」のみを受け入れるというのだから。「必要なもの」の次元は、諦念をすら超えたところにあり、一切のものからことごとく超脱することによって、絶対的な自立を手に入れることである。というのも、「必要なもの」は、「有用なもの」を不問にすることによって獲得されるものであるため、貧窮するという言葉の意味を根底から変えてしまうからだ。

＊

そう、「歩く者」は、王者なのだ[88]。大地が彼の領土である。「必要なもの」をひとたび獲得した者は、もはや不足を感じることはない。なぜなら、それはどこにでもあり、誰にも属し、かつ、誰のものでもないからだ。そこから、究極の逆転が生じる。豊かさが貧しさに、貧しさが豊かさに転じる。

結局のところ――この点についてはエピクロス派が論証済みだが――なにひとつ足りないもののない者がもっとも豊かな者なのだ。しかるに、キュニコス派の賢者には、足りないものはなにひとつない。必要なものの中に喜びを見いだすからだ。身体を休めるには大地があり、放浪をしていれば食べものは見つかる。星空は屋根になるし、水が飲みたければ泉の水がある。「有用なもの」や「無用なもの」をはるかに突き抜けたところで、「必要なもの」は、文化的なモノの世界がいかに余計であり、わたしたちを疎外し、場所を取り、結局は負担となって、生活を貧しくするかを明らかにする。

どんな土地持ちよりもわたしのほうが豊かである、なぜなら我が領地は大地なのだから、とキュニコス派の者は言う。わたしの持ち物には限りがない。わたしの家はどんな家よりも広々としてお

87 ディオゲネス・ラエルティオス『ギリシア哲学者列伝』六巻、三七章
88 ディオン・クリュソストモス『王政論』（第四の弁論）

り、欲しいだけの住まいを持っている。どんな岩場のくぼみでも、どんな丘の片隅にでも、わたしは住む。わたしは誰よりも多くの食糧と精神的な富を蓄え、泉の水をごくごくと飲む。

キュニコス派の者はどんな境界も知らない。自分の足が踏み入れる場所ならば、どこでもそこが我が家だからだ。彼は、世界市民だ。なぜなら「根本的なもの」「必要なもの」「生のままの世界」「外」は、境目なく広がっているからだ。それは、理想としてのコスモポリタニズムでも、未来に向けてのプロジェクトでもない。規範となるべき理想でも、架空の世界の話でも、先の約束でもない。「世界市民」であることは、根を持たぬことにおいて、すでに完全に実現されているのだ。キュニコス派はなにものにも執着せず、縛られない。絶対的に自由であり、挑発的なまでの頑健さと、並外れた自立性を備え、しかもそれを人と分かち合うことができる。そして「お前はどこの誰だ、どこからきて教えを説くのだ?」と問われれば、「わたしは世界市民だ。そしてこの『外』という場所から、あなたたちに話をする」と答えるだろう。

**わたしを見るがよい。家もない、祖国もない、富もない、下僕もいない。わたしは地面にじかに寝る。妻もなく、子供もなく、立派な家も持たない。わたしにあるのは、ただ大地と空、それから、古びた布衣だけだ。だが、わたしには、足りないものがない。わたしには、悲しみもなく、恐れもなく、だからこそ、ついにわたしは、自由を得たのではないだろうか?**[89]

89 エピクテトス『語録』第三巻、二二章、四七―四八節「キュニコス派の肖像」

# 散歩

Promenades

散歩には、数日にわたる山歩きのような荘厳さはないが、別の次元の広がりが感じられる。それは、神秘主義的な姿勢や、形而上的な欺瞞、おごそかな宣言にはあまりそぐわない、より謙虚なものだ。

散歩は、子供の心を創り出すための儀式として、自由なくつろぎやレクリエーションとして、あるいは、すでに知っていることの再発見として行なわれる。

儀式としては、子供時代の散歩がそれにあたる。次にどう行ってどう行くのかがよくわかっている、見慣れた道のりだ。人はただ漫然と「散歩」をするわけではなく、「あの道」や「この道」を散歩する。子供たちにとって、ふたつとして同じ散歩はない。「この」生け垣は「ここ」にしかなく、「この」見通しは「ここ」にしかない。同じ名前がつけられていても、それらは離ればなれなままだ。

大人になるということは、一般性や類似性、存在の種類に敏感になることだ。「森」とはどんなもので、「山」とはどんなもので、「野」とはどんなものか……。わたしたち大人にとって、一本の小道は風景の中にあり、それはちょうど筆箱の中の一本の鉛筆のようなものだ。長年の経験の上から、すべてを見渡そうとする。だが、経験によって、ものごとは平板になり、いつしか広がりを失う——どの道をたどっても家には着くのだから、どの道を行こうと同じことだ。

子供にとって、道は自分を遠くへと運ぶ、不安を抱かせるような何かであり、世界の可能性そのものだ。ひとつとして、もうひとつの道に似た道はない。二本の木ですら似てはいない。こぶだらけの枝、捻じれた幹、樹形――そのすべてが「違い」として目に入ってくる。二本の桑の木や二本の楢の木があるのではなく、戦士と魔法使いがいて、怪物と白鳥がいるのだ。であるならば、二本の散歩道がある時、そのそれぞれは、その独自の地形や色彩を備えて延びている。そこを歩くたびごとに、ひとつの物語が生まれる。

幼いプルーストにはふたつの王国をかたちづくるふたつの散歩道があった。スワン家のほうへ（あるいはメゼグリーズのほうへ）向かう散歩道と、ゲルマント家のほうへ向かう散歩道[90]。このふたつの地図が、世界のすべてを描き出していた。スワン家のほうには、やさしく接吻をされたリラの花房、サンザシの香り、ジャスミンの生垣のあいだから、反抗的で謎めいた少女ジルベルトが不意に現れるかもしれないスワン家の庭。

ゲルマント家のほうへ行くには、裏庭の奥の門から行くことになるが、天気が崩れないという見込みがない限り、行くことはできなかった。ゲルマントはヴィヴォンヌ川のほとりにあり（時にはアヤメの咲き乱れる河畔に腰を下ろし）、ぽつんと離れた屋敷があって、窓際で物思いにふける寂しそうな女性がいる。そこはまだ「暗い色の花房が伸びる小さな湿った囲い地」だった。

ふたつはまるで別々の宇宙だった。そのため、後年アルベルチーヌは、メゼグリーズのほうを通ってゲルマントに行きましょうよ、という誘いによって、語り手を驚愕させる。よもやそんなこ

90【訳注】「スワン家のほうへ」と「ゲルマントのほう」は、マルセル・プルーストの『失われた時を求めて』の巻名。語り手の「私」には、あくまでも名前がないが、このように、作者プルーストとしばしば同一視される

とが可能であろうとは！　地理上の端的な事実によって、幼年時代の水晶は砕け散る。子供にとって、一本の散歩道には、個性もあれば、顔つきもあるものなのだ。それは、十字路で交差する街道でもなければ、同じ空の下に延びる単なる小道でもない。あるいは、サンティレール教会の鐘塔から見下ろせば、光に照らされたふたつの散歩道の道すじがいっぺんに見えたのだろうか。だが、そのような俯瞰図は、散歩道を線として捉えるような頭の持ち主にとってしか意味をなさない。子供は小道の高さで生きていて、小石の形や木の姿に通じている。

子供たちには夢見るような想像力があり、大人たちには客観的なリアリズムがある、というふうに考えることは、誤りである。実際には、子供たちのほうがリアリストなのだ。なにしろ、一般化するということを知らない。大人たちはある個別のケースの中に型を見抜き、ひとつの種の中に代表例を見いだす。そして、それ以外のケースをすべてそこに溶かし込んでしまってから、こう教える。「これがリラだよ、こっちがトネリコで、あれがリンゴの木」。子供も形を捉えているが、それらを普通名詞によってまとめ、それぞれの違いを覆い隠すことはしない。葉むらの影に伝説の動物の姿を見抜き、花びらごとのやわらかさの違いを知っている。それは、想像力の勝利ではなく、全面的なリアリズムなのだ。

子供時代が過ぎても、軽さとくつろぎの実践として、散歩が存在している。「気分を変えるために」歩く。苛々させられる仕事の後や、あまりにもうんざりしてほとほと嫌になってしまった時、ほんのちょっと外に出て「別のことを考える」。外には春の日差しと清新な空気があふれているというのに、中にはオフィスの重たい空気が流れているばかり、というような場合にはとりわけ効果がある。

カントの友人カール・ゴットロープ・シェレは、散歩は、身体の弛緩を引き起こすだけでなく、魂の疲れをも癒やすものだと述べている。一方、仕事を進めるためには、主題に集中し、任務を離れず、一度にただひとつのことだけを考えなければならない。

散歩が休息をもたらすのは、リズムを変え、手足をほぐし、頭を使うことをやめられるからだ。うるさい拘束などはうっちゃってしまってよい。わたしは自分の行きたい道を選び、自分の好きなリズムで歩き、自分の好きなことを思い描く。シェレはカント美学を散歩に応用できることに気がついた。

散歩をすることは、ただうろうろと歩き回ることではない。とはいえ、問題に突き当たったら、いつでも立ち上がって歩いてみることはできる。必ずしも遠くには行かず、手を後ろに組んで、頷きながら、少しだけ歩いてみるのだ。身体が動きだしたおかげで頭まで動きだしたら――ふっと難しい問題が解けたり、いい考えが浮かんだりしたら――すぐに机の前に戻ってきて、次に行き詰まるところまで続ければいい。

散歩に行くということは、仕事に別れを告げることだ。本や資料を閉じて、外に出る。外に出てしまえば、身体は自分のリズムで動き、心は自由を感じる。つまりは精神が「空《あ》いた」状態になるのだ。右手の風景に惹かれるものがあれば、そちらのほうを向き、その印象を左手の風景と組み合わせ、色のコントラストを愉しむ。細部から全体像へと視線を移す。色とりどりの服の人々でにぎわう公園の小道を抜けてゆくならば、そちらのほうへ目をやりもするが、とくに頭は使わない。目は、ひとつの顔から次の顔へ、ワンピースから帽子へと滑ってゆくが、そのつど、形やシルエットを捉えているだけだ。カントが美学的判断と呼んだものは、これである。つまり、目に見える光景として差し出されているものから、自由な構成を行なうこと。想像力は印象と戯れ、自由な空想に導かれるままに印象を結びつけたり、再構成したりする。それは完全に無償であり、精神は内的な調和を得る。自分のさまざまな能力が、ごく自然に協調しあいながら、世界の光景を形づくる楽しさに与《あずか》る。

散歩という技法《アルス》がその極点に達するには、外的な条件も必要であることを、シェレは断言している。街なかを散歩するならば、幅の広い歩道と、密集しすぎもせず、寂しくもない程度の人出があるといい。散歩者がまばらであれば、知り合いかもしれないと、ついどの顔も確かめてしまうし、それでは散歩が視察じみたものになる。逆に、散歩者が多すぎるようであれば、目に映るものが過剰になって、こちらが飽和状態になる。田舎へ散歩に出かける場合は、山や谷、小川や草地、森などをかわるがわるに歩けることが理想的で、想像力は、そのそれぞれの地形の優美さに触れることができる。

さらに、街なかでの散歩と、自然の中での散歩を交互に行なって、どちらか一方だけにしないことも大切だ。というのも、両者の根底には——想像力の自由な戯れという——同じものがあるが、それがもたらす良さは異なっているからだ。街なかの遊歩道をぶらぶらと歩いてゆくと、人間の行動というものがつくづく「人それぞれ」であることがよくわかり、生きることについての教えを得られる。一方で、小川が流れ、緑あふれる野山をひとりで散歩していると、夢想へと誘われてゆく。色や形のささやきに、ぼんやりと気をとられながら、魂はわずかに自分を忘れ、それがゆえにまた自分を発見することになる。

散歩の秘められた効能は、このように精神が開かれて、「空いた」状態に置かれることであるが、これは、とかく拘束やこだわりに囚われがちな現代生活において、きわめて稀な状態といえる。「空いた」状態にあるということは、受動と能動の入り混じった、あの幸福な調和が実現されているということなのだ。魂は、誰に対しても申し開きをする必要がなく、一貫性を迫られたりもしない。世界は、深刻な顔をした系統立った観察者に対してよりも、そのような無償の戯れの中にある散歩者に対してこそ、そのまったき姿をあまさず見せてくれる。

だが、そうした発見や喜びを得ようとして、散歩がひとつのメソッドでもあるかのように生真面目に散歩に取り組んでみたところで、まずうまくはいかないだろう。そうした発見を得ることができるのは、春の日差しに誘われて、やりかけの仕事もほっぽらかしにして、とりあえず先のことは考えない、という誘惑に喜んで屈した者だけなのだ。そのようにしてみて初めて、そのひとときは無償のものとなり、生の軽やかさを思い出し、魂が、世界と自分とのあいだに自由な調和を見いだす時の甘美さを味わえる。

それは、散歩という技法《アルス》による、くつろぎの技術《テクネー》なのだ。だが、そのレクリエーションは、新たな創造にもなりうる。とくに街なかでは。ふだん、わたしたちはパンを買ったり、メトロに乗ったりというような、実用的な目的で街を歩いている。そうした時、通りはただの通路となるので、足元を見ながら歩くことになる。周囲の風景をほとんど見ずに、茶色の入り口は角のパン屋、というふうに、必要なものだけを効率的に捉えている。そのような時には、街は、ただぼんやりと点滅する記号の織り物でしかなくなり、景色はつまらないものとなる。

道を歩く時には、もっと不確かで、ためらいがちな足取りで歩むという贅沢を、自分に許すべきなのだろう。さしたる理由もないけれど、ごくゆっくりと、目を上げて、道を歩き回ってみる贅沢。走ったり、目的を持ったりせずに、道を歩いてみると、その街を初めて見た人が見るような仕方で、街を見ることになる。散歩は、目的もなく、ただ「歩く」ことによって、「見る」能力を取り返させる。この家の鎧戸の色合いがどんなふうで、それは壁の上でどんなアクセントになるか、黒格子のアラベスク模様がどんなふうに組み合わされているか、石でできたキリンのように異様に細長い家々、あるいはその逆に、太った亀のようにぺたんこの家々がある。青緑色のファサードとオレンジ色の窓。こうして、わたしは道との出会いをひとつ、またひとつと重ねてゆく。

# 庭
# 園

Jardins publics

散歩は、時に、人工的で社交的なものに陥ることがある。たとえば、人目を引くために歩くような、優雅で洗練された、いわゆる「ギャラントリー」の散歩。パリの象徴、すなわちコルネイユが『嘘つき男』で「社交界とギャラントリーの国」と書いたチュイルリー庭園を思い出すとよい。そこでは、自然は人間によって支配されている。柘植《つげ》の生垣はきっちりと四角く刈り込まれ、遊歩道はまっすぐに延び、木々はハサミを入れられ、噴水がしつらえられ、なまめかしい彫像が立ち並んでいる。かつて、この庭園は上流社会の人々だけに開放されており、下々の者や使用人たちは門をくぐることができなかった。彼らは寄り集まって、口汚いことを言いながら、女主人が愛嬌を振りまいて帰ってくるのを門の前で待っていた。だが、グリゼットたち[91]であっても、きちんとした身なりをして、顔立ちが整っていれば、入園が許されていた。夏には、夜が更けるまで、そこで過ごした。オレンジ色の光が紫色に反射し、やさしい夕闇が降りてきて、歩く足元に細かな砂埃が舞っている。樹々にはナイフで彫りつけた女性たちの名前が見える。

**チュイルリーの園に参りて**
**われらの物憂き夢想をいまひとたび紡《つむ》がん**[92]

そこは、花盛りの若き娘たち、恋の冒険に憧れる既婚女性たち、慰めを求める未亡人たちが夢見る場所だった。なぜなら、美しい女性にとって、ひとり自分の夫しか身近にいないというのは、やりきれないほど退屈なことだからだ。庭園は、まさにそのような理由から発明された、とシャルル・ソレルが『ポリアンドル』の中で述べている。

**サロンを主催するような知的な女性たちの大半は、リュクサンブール庭園やチュイルリー庭園の散策を非常に好んでいた。そこに行けば、毎日新しい男性に出会えるのだった。**

そのようなわけで、庭園に夫婦で出かけることは、悪趣味の極みとされた。

庭園の主要な遊歩道をゆっくり歩き、時に立ち止まる（むしろ、ポーズを取る）。それは、スピードに対する象徴的な抵抗などではない。ただ、ゆっくりと歩けば、人の顔をじっと見つめ、自分の装いや魅力を見せ、自分の才気を示すことができるというだけだ。外見には細心の注意が払われねばならず（「顔とは、生まれつき備わるものにはあらず／芸術の妙により創られし至高の名品なり[93]」）、どのような人物と連れ立って歩くのかもあらかじめ吟味しておかねばならない（ロ

91【訳注】「グリゼット」は、17世紀から19世紀にかけて、フランス、主にパリでお針子や女工をして労働をしていた若い女性たちを指す。庭園やカフェなどに出入りし、自由な社交や恋愛を楽しんだとされる。灰色《グリ》(gris)の服を着ていたのでこう呼ばれる
92『チュイルリー宮の喜劇』（リシュリュー枢機卿の依頼により、彼に選出されたコルネイユ、ボワロベール、レトワール、コルテ、ロトルーの5人の劇作家が一六三八年に共作した戯曲）
93『チュイルリーのアルルカン』、一七〇〇年、作者不明、「四、風俗に対する風刺」

説いてくれそうな男性を遠ざけるような不愉快な人たちは避けるべきである)。しかるのち、いざ優雅に前進。パリジェンヌたちが花道を行く――だが、なぜ、彼女たちは「散歩」をするのだろうか？　ラ・ブリュイエールは、こう答える。「美しい布地を見せびらかし、化粧や装いの成果を得るためである」。美しい女性たちが歩みを進めてゆくと、それにつれて、感嘆のささやき声が洩れる。だが、彼女たちは、決して本当の意味で「歩いて」いるのではない。どうすれば洗練された「足取り」になるかに工夫を凝らし、巧みな身体の揺らし方を研究しているのだ。たとえば、ある小間使いは、女主人にこんな助言をしている。

**よろしいですか、美しい方々はみな心得ておいでですが、こちらでは普通の歩き方をしてはなりませんよ。わたくしと一緒に、あの「大通り」を行くときには、こちらに話しかけてくださいませね。ただし、中身のあることを言っちゃなりません。知的な雰囲気をかもしだすには、かえってそのほうがいいんですから。それから快活に見えるように、つまらないことでもお声を立ててお笑いなさいませ。それと背中は、どんなときにも、胸がふっくらと見えるように、しゃんと伸ばしておくことです。目はなるべくぱっちりと開いて、唇は噛んで赤くしておいてください**[94]。

まずは、「中央大通り」と呼ばれる庭園のメインストリートが際立っている。まるで主舞台のように、人々が集まり、見たり見られたりしながら、互いに評価をしあう場だ。

**ここは貴族の晴れ舞台**
**たそがれせまる日暮れどき**
**豪華な衣装でめかし込み**
**ご覧になってとやってくる**
**ブロンド娘も黒髪も**
**レースに布地にリボンの飾り**
**ずらりずらりと陳列されて。**
**ここは誰もの散歩道**
**姿も形もご覧あれ**
**誰もが誰かと待ち合わせ**
**どんな品でも揃っているが**
**誰もが互いを認めない**
**誰もが互いに似てるから**[95]**。**

94「パリの散歩」『ジェラルディのイタリア演劇』第六巻、一七四一年
95 同書

だが、その他にも小舞台や横道はあり、それぞれ得意分野がある。東側には「心ゆくまで人の悪口を言える」一連のベンチが並べられており（批判屋や不満屋のための場所）、木の影で暗くなった小道は秘密の逢引にぴったりだという噂だ。静かで物悲しい通りも何本かあり、憂鬱な人々のための場所になっている。

チュイルリー庭園では、誰もが役者であり、同時に、観客でもある。そこには、あらゆるタイプの登場人物がそろっている。おしゃれのことで頭がいっぱいのコケットな娘や滑稽な色男、わざとらしくてえらそうな裁判官やこれみよがしな軍人、洒落者の小才子《プティ・メートル》[96]、ブルジョワ、うぬぼれた青二才、元神学生、噂を広めて回る「新聞塔」（誰もが彼のもとで最新のデマを手に入れる[97]）、そして言うまでもなく、酔っ払いたちだ。誰もができるだけ堂々とし、貧相な装いでも豪奢な装いでも、持てるかぎりの自分の富を誇示しては、まわりに与えている印象を横目でうかがっている。ふくらはぎを形よく見せるためにパッドを入れる者もいれば、別人になるまで顔を作り込む者もおり、ダイヤモンドをひけらかす者もいる。会話は、まわりに聞こえるように、大声でなされている。

その絶え間ない駆け引きの中で、人々は互いに求め合い、無視し合い、評価し合い、何かのふりをすることにくたびれ果ててしまう（幸せなふりのこともあれば、不幸なふりのこともあるが、とにかくふりをするからだ）。結局のところ、と詩人は言う。「誰もが似たり寄ったりなのだ」。誰もがことさらに礼儀正しいふりをしながら、陰では密かに軽蔑し合い、互いに馬鹿にし合っている。

**片目の猿がめっかちを笑い**
**ロバがあほうを見て笑う**
**寝取《コ》ら《キ》れ男《ュ》は妾の子を笑い**
**女は女を笑うのだ　連れ立って歩く自分の友を**[98]

そんな嘲笑《ちょうしょう》合戦の中で、さまざまな策略が張り巡らされる。逢引の待ち合せをし、道に迷ったふりをし、見知らぬ女を追いかけ、会話の糸口を作る。女が手袋を落として見せれば、若者は駆け寄ってきて跪《ひざまず》く。かつて、そんな「チュイルリー庭園のひととき」があった。

96「わたしは、まったく中身のないことをべらべらと喋りたてる、貧しさと気取りの塊のような人々をプティ・メートルと呼ぶ」フロランタン・ドゥローヌ／ピエール・ドゥローヌ『新たな風刺劇――女王の散歩道、チュイルリー庭園、サン・ベルナール門にて』（一六九九年版）、パリ、アシェット・リーヴル、フランス国立図書館、二〇一六年
97ラ・ブリュイエールがこのような人物の肖像を描いている。「およそ行ったり来たりを繰り返すためだけに生まれてきたような男がいる。街の噂やちょっとした話を知り尽くしており、だが、何事も成しはしない。ただ他人のしていることを語ったり、聞いたりするばかりだ」
98「パリの散歩」『ジェラルディのイタリア演劇』第六巻、一七四一年

# 日々の散歩（カント）

La sortie quotidienne

カントの人生には冒険的なところがまったくない。これ以上に精彩を欠いた人生は想像し難いほどだ。

ケーニヒスベルクに生まれ、同地にて死去。生地を離れたことはなく、旅行もしたことがない。父親は鞍と革帯の職人だった。母親は敬虔で、慈愛に満ちた人だった。カントは家の中では罵《ののし》りの言葉を聞いたことがなかった。そして、ごく若い時に、母も父も亡くした。

研究をし、仕事をした。家庭教師になり、続いて大学の助手になり、最後に大学の教授になった。ごく初期の著作に、次のような言葉が見える。「私は自分のために一本の道を引いてきたが、この先もその道を歩んでゆくだろう。ひとたび歩きだしたら、私の歩みを止められるものはない」

中肉中背で、大きめの顔をして、目はとても青かった。右肩が左肩よりも少しだけ高く、繊細な気質だった。片方の目は効かなくなっていた。

規則正しさの模範例のような人で、「ケーニヒスベルクの時計」という異名がついた。講義のある日にカントが家から出てきたら、きっかり八時だということを意味した。八時一〇分前には、帽子をかぶり、五分前にステッキを手にとり、八時きっかりにドアの敷居をまたいだ。

この時計だけは、どうしても手放せなくてね、というのが口癖だった。

書くことと読むこと以外で関心があるのは、歩くことと、夕食をとることという、ただふたつのことだけだった。そこまではニーチェと同じだが、もっと妥協のないもので、ふたりのスタイルは異なっていた。ニーチェは大いなる歩行者で――長距離の散歩もすれば、険しい山にも行った――、食事はそれほど大量にはとらず、胃弱だったため、胃を刺激しすぎない食べ物を好んだ。

カントは食欲旺盛で、よく食べ、よく飲み、食卓についている時間が長かった。だが、日課の散歩に関しては、節度を守り、控えめで、思う存分にするわけではなかった。汗をかくことに耐えられず、夏にはひどく静かに歩き、脇の下に汗を感じたら、たちまち木陰で涼むような具合だった。

ふたりの健康状態は、万全とは言えなかった。そのことに、あまりに過剰な意味を読み込みすぎることも避けるべきだろうが、ニーチェが便秘に、カントが嘔吐に悩まされていたことは事実である。身体が弱かったにもかかわらず、八〇歳まで長生きをしたことについて、カントは厳密な生活習慣と、自分に課した規律を守って生きてきたおかげだと考えていた。食事管理に非常な関心を寄せ、それを人生を享楽する方法ではなく、人生を延長する技法だと考えていた。

晩年になると、空気中の「電気的流動体」のせいで健康状態がおかしくなったと主張し、当該物質のためにバーゼルでも猫がばたばた死んでいるのだと言い張った。一度たりとも借金をしたことがなく、それをとても誇りに思っていた。ものが散らかっていることには我慢がならなかった。どの品も定まった場所になければならなかった。

変化もまた彼には耐えがたかった。カントの講義に、上着のボタンがいつも一つだけ取れている学生が毎回出席していた。ある朝、その学生がボタンをつけ直してやってきた。カント教授はひどく混乱し、あまりにも取り乱したあげくに、君、よかったらそのボタンを引きちぎってもらえまいかね、と尋ねた。なにかを学ぶことも大切だが、ひとたび学んだことを、どのように分類・整理すべきかを心得ていることが同じくらい大切であると説いていた。どんな時も同じような服を着て、奇抜な趣向や独創的な嗜好に走ったことはなかった。

彼の生活は、まるで五線譜に書かれた楽譜のように、規則正しかった。朝は五時に起床――五時以降に起床することは決してなかった。紅茶を何杯か飲み、日に一度だけのパイプを吸った。

講義がある日は、午前中に大学に行き、帰宅すると再び部屋着とスリッパになり、書き仕事に取り掛かる。一時一五分前になるとぴたりと切り上げ、再び服を着て、数人の友達を自宅でもてなした。科学や哲学を語る一方で、その日の天気のようなたわいない話もした。

カントのもてなしの食卓には、いつでも判で押したように、三種の料理が供された。チーズが並べられ（時にはデザートもつく）、ひとりにひとつずつ、小さなワインのカラフが用意されていた。対話は夕方五時まで続いた。

それからが散歩の時間になる。天気がよくても悪くても、欠かすことはない。散歩をする時は、ひとりきりでなければならない。というのも、散歩のあいだ中、口は閉じたまま、鼻呼吸をしていたからだ。それが健康のために最良なのだと信じていた。誰かと一緒に歩いたりすれば、話をせざるをえず、口を開けなくてはならない。

散歩コースはいつも一定で、決して変わらなかった。死後に「哲学者の道」と呼ばれる道である。伝承によると、カントが散歩の習慣を変えたのは、人生に二度だけである。一度はルソーの『エミール』を刊行直後に入手するため、一度はバスティーユ襲撃の報を受け、詳細を知ろうとしたためだった。

散歩から戻ると夜一〇時まで読書をし、それから床に就いて（食事は一日一回のみ）、たちまち眠りに落ちた。

カントの散歩は、派手さもなく、楽しみもなく、ただ健康のために、必ず一時間だけ行なわれるものだった。しかし、必ず毎日行なわれていたという点に、歩行の三つの秘密を見ることができる。

ひとつめは、単調さである。歩くことは単調なものであり、じつに容赦なく単調なものである。歩き旅の見聞録というものは（テプフェール[99]からヴィユシャンジュ[100]まで）、道中のアクシデントや出会いの報告、苦痛の描写などによって成立しているが、実際にはそれらの叙事詩は、歩くことによる移動よりも、休憩中に起こったことに多くのページが割かれている。歩くことそのものよりも、歩きを中断するものが語るべき出来事とされている。歩行それ自体はあくまでも単調なものだからだ。歩くことは「面白く」ない。子供はそのことをよく知っている──だって、一歩ずつ足を前に出すだけなんて、つまらないよ。ここで、わたしたちは、ヴォージュ地方を抜け出せなくなっていた時のジェラール・モルディヤの泣きごとを思い出すこともできる。「こんなことは馬鹿げている。完全に馬鹿げている。やっぱりどう考えてもあまりにも馬鹿げている[101]」。ところが、その単調さには裏があり、それは、その単調さが退屈に対する治療薬にもなりうることだ。退屈とは、身体がぐったりとしたまま、頭まで働かなくなることだ。歩行の反復性は、身体の倦怠によって、退屈の肥大を防ぎ、退屈を追い払うところがある。退屈している人は、何かをしたいと感じながら、それをすることの無意味さに囚われている。歩いている人は、とにかく足を動かさねばならないため、とりあえず前へ進んでゆく。それは世界そのもののように、当たり前の真理である。その単調な運動が人を解放する。あれについて考えろとか、これについて考えろとか言われることもないし、ああ考えるべきだとか、こう考えるべきだとかいうこともない。ただ身体的な努力を繰返しているだけで、精神に「空き」ができる。そうなった時に初めて、ものを考えられる。

歩行のふたつめの特徴は、その規則性だ。カントにおける規律の厳格さには、まったく驚かされる。散歩の日課は、毎朝の仕事に連動しており、仕事の時間も同じように規律立てられていた。一日に一ページを書き、ひとつの思考を検証し、ひとつの証明を考案し、ひとつの論証を打ち立てる。それが積み重なると、ついには、ひとつの作品、ひとつの巨大な仕事が生まれている——言うまでもなく、何か考えるに値することが考えられていなければならないが。だが、印象的なのはその「割合」だ。少しずつの努力が積み重なり、規律が厳守されると、これほどまでに巨大な仕事が達成されるのだ。作品とは、時間を宙づりにする一瞬のひらめきによって生まれるものではなく、一石、また一石と積み上げられたことによって我々に届けられる。三日、四日と歩き続けた後で、山

99 ロドルフ・テプフェール『ジグザグ旅行記』（R. Toepffer, *Voyages en zigzag*, Hoëbeke, 1996.）
100 ミシェル・ヴィユシャンジュ『スマラ——砂漠狂人の旅日記』（M. Vieuchange, *Smara : Carnets de route d'un fou du désert*, Payot, 1998.）
101 ジェラール・モルディヤ『人間はヤギではない』（G. Mordillat, *L'homme n'est pas une chèvre*, éd. La Pionnière, hors commerce, 2021, p. 20.）

頂から来た場所を振り返る時に似ている。出発地点は、はるか遠くに、小さく見える。一歩一歩はこんなにもわずかな長さなのに、それを繰り返してきただけで、これほどの距離を踏破したとは。一歩、また一歩、あと少し、粘り強く。規律とは、可能なことを無心に繰り返すことによって、不可能を可能に変えることだ。

歩くことの最後の秘密は、その不可避性だ。午後五時になれば、カント先生が表に出てきて散歩をすることを、誰もが知っていた。それは、日の出のように大切な、規則的で不変の儀式だった。それほどにもやらずに済ませられないならば、もはや宿命とも呼べるだろう。自分が自分に課した宿命。「幾度も繰り返し続けるうちに」、人はそれを自分の運命とする。数十年間にわたって重ねられた努力は、堅固な意志の錬金術によって、ついにひとつの必然性へと結晶する。自らが築いたものでなければ、ほとんど自分自身を凌駕するかに思えるような必然性。その抗い難さは、規律が習慣とは違うことを示している。運命を意志する、ということは実際にありえ、ニーチェはそれを自由の定義とした。歩くことにおける不可避的なものとは、いったん歩きだしたら、どこかには着かねばならない、ということだ。他の方法はない。進み続けるしかない。たいていは疲労の果てに、道の果てに達する。だから、時間を重ねながら、「行こう」と自分に言い聞かせる。それは運命として決まっており、もはや逃れることはできない。だから歩く、ただ歩く。意志は運命なのだ。

# 都市の遊歩者《フラヌール》

Le flâneur des villes

ヴァルター・ベンヤミンは、パリに関する考察を通じて、「遊歩者《フラヌール》」という存在を有名にした。彼らは、チュイルリー庭園の優雅な散歩者たちとはまったく異なっている。遊歩者を分析し、描写し、捉える際に、ベンヤミンはボードレールの『パリの憂鬱』や、『悪の華』の「パリ風景」、『現代生活の画家』の絵画評などを参照しているが、それによると、遊歩者は、都市と、群衆と、資本主義という三つの条件がそろった時に誕生するという。

遊歩者の体験は、ある種の歩行の体験ではあるが、ニーチェやソローの歩行とはまったく異なっている。都市を歩くことは、山歩きを好む者には、苦々しい体験である。歩くペースが滅茶苦茶にされるからである。とはいえ、遊歩者が歩いていることには変わりなく、その点において、見世物とみればすぐに足を止めて見物する者たちや、ショーウィンドウに目が釘付けの人々とも違っている。遊歩者は歩く。群衆の中を滑るようにして、すり抜けながら歩いてゆく。

遊歩者という存在が生まれたのは、一九世紀に都市の集中化が起こったからである。都市の密集と拡大が進み、何時間歩いても、一片の田園風景にすら出会わないほどになった。新たに出現した大都市（ベルリンやロンドンやパリ）の場合、何時間も歩けば、まったく異質な街角に次々と出くわすことになる。ひとつの地区から隣の地区へと移るだけでも、なにもかもが一変する。家屋の大きさから、建築様式、空気の質、生活の仕方、光の具合までも。遊歩者たちは、そんなふうにして、街が風景となる瞬間を愉しむ。まるで、山歩きをする時のように、峠を越えると、視界が不意に変わる。都市は危険や驚きを秘めた場所であり、森にもなれば、ジャングルにもなる。

遊歩者の存在に欠かせないふたつめの要素は、群衆である。群衆こそが遊歩者にとってもっとも自然な環境である。それは、すでにして、労働にいそしむ匿名の集団《マス》であり、大都市の産業地域には、仕事場に向かう人、帰宅する人、商談に急ぐ人、荷物の配達に駆け回る人々がひしめいている。彼らは新しい文明の代表者たちである。群衆は、群衆を構成する他の人々に対しては敵対的である。誰もが急いでいるために、他人は邪魔なものとなるか、競争相手となるのだ。それは、デモやストライキのように一体となる群衆、大きなエネルギーを発する叙事詩のような群衆とは異なっている。大都市では、人が人に出会うということがない。どこを見ても見知らぬ顔ばかりで、たいていは、閉じた顔だ。そのような顔が互いに入り乱れるように動いている。一九世紀までの人々の共通体験は、見知らぬ顔を見かけた時に驚くというものだった。今日では、匿名性のほうが当たり前のものとなり、驚きを覚えるのは、むしろ見知った顔をその中に見かけた時だ。出会いの作法はすでになく、挨拶をすることも、言葉を交わすことも不可能になった。

遊歩者の存在を成立させる三つめの要素は、資本主義だ。ヴァルター・ベンヤミンに倣って、より正確に言うならば、「商品」の支配する世界。資本主義とは、商品が単なる工業製品であることを超え、芸術作品や人間の在り方にまでその存在様態を拡張する社会のことだ。世界そのものの商品化。すべてが売り買いされ、すべてが消費される。堕落がはびこり、ものを売るように、自己すらも売り飛ばすことが当たり前になった世界――。

＊

遊歩者《フラヌール》はそのような体制になびかない。群衆を、商品を、都市を、内側から変容させる。広い野山を歩く者やバックパックのハイカーたちは、文明に対してきらめくような断絶の刃を向け、きっぱりとした拒絶の身ぶりを示す（ジャック・ケルアック、ゲーリー・スナイダー他……）。一方、遊歩者たちの身ぶりは、もっと曖昧だ。現代性《モデルニテ》に対する彼らの抵抗には、両義的なところがある。反体制的であるということは、真っ向から反撃することではなく、ずらしたり、誇張したりし、ついに変質をもたらすことだ。

遊歩者は、孤独を覆し、スピードを覆し、商業主義を覆し、消費を転覆する。

孤独を覆す。群衆の中での孤独については多くが語られてきた。にこりともしない顔の単調な連なり、無関心という名の灰色の厚み。互いが互いにとってよそ者であると感じているために、漠然とした敵意のようなものが生まれる。遊歩者がその匿名性こそを求めるのは、そこに身を隠すことができるからだ。彼は、自らの意志で、機械的な人々の群れへとまぎれ込んでゆく。すると、匿名であることは外から押し付けられる重苦しいものであることをやめ、悦楽の機会となる。遊歩者は、匿名性という隠れ家の中で、自分自身を感じ取る。身を隠すからこそ、匿名性は恵みとなるのだ。群衆の中にいる時の陰鬱で受動的な孤独の内部に、観察者と詩人の孤独を穿つ。彼がその位置から観察していることには、誰ひとり気がつかない！　遊歩者は、まわりからずれた存在であるが、そのように明確に身を引いていることによって、彼自身にとって、特異な存在となる。

　スピードを覆す。群衆の中では、誰もが、二重の意味で「押されて」いる――「急いで」行かなければならないのと同時に、人ごみの中で「押しつぶされて」もいるからだ。だが、遊歩者にはこれといった行き先もなく、人の顔に目を止めて歩調をゆるめたり、交差点でペースを落としたりする。ゆっくりと移動することによって、頭の働きがより鋭くなるのだ。彼は、通り過ぎざまにイメージをぱっとつかみ取る。一方、急ぎ足の群衆は、身体は素早く動いているが、精神は鈍麻している。彼らはただ急ぎたいのだ。どこかに割り込める隙間がないか、意識はそのことに占められている。遊歩者はゆったりと歩くことで、詩的な収穫を増やしてゆく。

　商業主義を覆す。遊歩者は生産性という考えに抗う。彼は何の役にも立っていないが、受動的ではない。なにひとつ作り出しはしないが、大事なものは狩人のように見逃さず、衝撃や出会いやイメージを一瞬のうちに捕まえる。遊歩者がいなかったら、誰が交差点で起こる出来事を証言してくれるだろう？　誰もが無意識に、自分だけの出来事を次々と積み重ねている中で、遊歩者は、その連なり同士が立てる火花や摩擦を捉えている。

　消費を覆す。群衆は、人間の商品化が進むなかで、自らを見失ってゆく。流れに翻弄され、うねりにもてあそばれる。群衆は消費し、大都会は消費者を呑み込む。大通りには看板やショーウィンドウが並び、より早く商品を流通させようとする。だが、遊歩者は、消費することもなければ、消費されることもない。彼は拾い集め、盗み取る。確かに、野歩きや山歩きをする人のように、力を尽くしたことへの返礼に風景という贈り物を得ることはない。だが、彼は、予想もしない出会いや、とらえがたい一瞬、儚い偶然をかすめとる。ささやかな情景をしっかりと捕まえ、そうやって盗んだイメージを、細かな雨にして、自分の中に降らせる。

その詩的創造性は、やはり両義的なものである。ベンヤミンの言葉を借りるなら、それは「ファンタスマゴリー（幻想）」である。遊歩者は、都市の残酷さを超えて、そこに息づく束の間の驚異を捉え直してはいるが、それは「はっとすること」をめぐる詩学を探求しているだけともいえる。都市における労働や大衆の疎外を告発するようなことは決してしない。遊歩者はむしろ、都市を再神話化し、新たな神々を打ち立て、都市の光景という絵巻物を広げて見せる。

遊歩者の後継者は数多く存在する。たとえば、街をさまようことを好んだシュルレアリストたちは、遊歩者の芸術を「偶然」と「夜」という二つの次元で豊かにした。（『パリの農夫』でビュット・ショーモン公園を歩くアラゴン、『ナジャ』において惑乱的な愛を探求するブルトン）。また、ギー・ドゥボールが理論化したシチュアシオニストの彷徨もある。感覚的な違いに敏感になり、周囲の雰囲気によって自己が変容させられることを受け入れるというものだ。

ロマン主義の偉大な歩行者たち、永遠の「彷徨者」は、世界と溶け合い、一体となる体験を知っていた。歩くことは、そのような神秘的な合一の大いなる儀式のひとつであり、歩く人は、今ここにあるものが今ここにさらに現れてくることの激しさに立ち会っていた。ルソーやワーズワースは、「歩くこと」そのものがこの神秘的合一の証明となり、宇宙そのものと溶け合うことを可能にすると考えていた。ワーズワースのリズミカルな詩行や、ルソーの音楽的な散文を満たしているのは、そのような瞬間に刻まれる呼吸の深さである。

都会の遊歩者は、いかなる充足感であっても、そこに安住することはなく、点在する視覚的な驚きへといつでも身を開いている。野山を歩く者が、自他合一の深みにおいて自己を完成させるとすれば、街を歩く遊歩者は、飛散する光のきらめきの中で自己を完成させる。

# 神々が身を引いても、
# なお歩む
# （ヘルダーリン）

Marcher dans le retrait des dieux (Hölderlin)

## 「わたしに必要なのはただ一足の靴だけだ」(妹への手紙、一八〇〇年一二月一一日)

ヘルダーリンは、人生の半ば頃にして、すでに理性の光に影が差すようになっていた頃、ボルドーに旅している。そのほぼ全行程は徒歩で行なわれたと考えられている。まずストラスブールに二週間、監視がついた状態で滞在し、そこで、コルマール、ブザンソン、リヨンを経由してボルドーへと向かう許可を得る。リヨンを一月一〇日に発つと、その後はオーヴェルニュ地方の山越えが続く。クレルモンまでの長い道のり。厳しい寒さ、凍った地面、息の詰まるような低い空——雪で覆われた土地には黒い空が広がり、山岳暮らしの荒々しい人々や、吹きつける暴風雨が待ち受けていた。ヘルダーリンは、夜は粗末なベッドの上で寒さに震えて過ごしたことを、母親への手紙で語っている(一八〇二年一月九日)。友人のベーレンドルフには「フランスでは、荒涼とした、物悲しい大地を見た」ことを書き送っている(一八〇二年、秋)。ボルドーのドイツ領事館のもとに到着したのは一月末だった。領事館の子供たちの家庭教師として迎えられた。だが、五月になると、何の説明もなく、その館を後にした。帰路もやはり徒歩旅だったが、今度は別のルートでパリを経由した。途中、古代の遺跡に立ち寄り、じっくり眺めてから再び旅を続けた。だが、シュトゥットガルトに着いた時には、別人と化していた。蓬髪《ほうはつ》の浮浪者か、凶暴な乞食のようだった。髭は伸び放題で、ものを言わなかった。

ひとりきりで長距離を歩き通したために、正気を失ってしまったのだろうか? あるいはその旅こそがヘルダーリンに霊感を吹き込み、あれほどにも特異な最後の詩群を生み出したのだろうか？あんなにも特異な声、あんなにも剥き出しの声を、ヘルダーリンはこの旅の前には見いだしていなかった。伝記作者たちの見解は、このボルドーへの旅をひとつの「断絶」として、いわば何かが壊れてしまった出来事だと考える点で一致している。ヘルダーリン自身は「アポロンに打たれた」と表現している。それまでの人生で、彼は数々の失敗を重ねていた。手に負えないような子供たちの家庭教師となったが、やはり手に負えなかった。人妻に叶わぬ恋をし、悲劇を書いても永遠に完成しない（『エンペドクレス』は未完に終わった）。もちろん『ヒュペリオン』は出版されていたし、幾篇かの詩篇も世に出てはいた。シラーや、ヘーゲルや、シェリングとの素晴らしい交友関係にも恵まれ、彼らには高く評価されていた。だが、結局、彼が万人に認められるようになった時には、つまり、時代がヘルダーリンを偉大な詩人と褒めたたえた時には、彼はもうなにひとつわからなくなっていた。ボルドーからの帰還後、ヘルダーリンはさらにいくつかの讃歌を書いた。断片的ではあったが偉大なものだった。また、ソフォクレスの翻訳をしている。だが、日に日に、礼儀を守っているだけの無口な状態に閉じこもるようになった。時折、不意に怒りを爆発させてはその沈黙を破った。彼の理性は、次第に闇の中へと沈んでいった。それからは、ネッカー川を見下ろす塔の小部屋の中で、指物師ツィンマーのかいがいしい世話を受けながら、三〇年以上の時を過ごすことになる。

私がここで知りたいと思うのは、そのような困難な徒歩旅行や疲労困憊《こんぱい》の状態が、詩的な衝撃をもたらすことがあるのか、という点だ。荒涼たる荒野を、寒さに震えながら、たったひとりで歩き通すという体験は、いったいどんなことを引き起こすのだろうか。

それはまず、酷薄なまでにはっきりと感じられる「別離」の感覚である。歩行による自然との合一体験、調和、融合、恍惚と風景を眺める体験については、多くのことが雄弁に語られている。それらを偽りであると非難するわけではないが、体力を使い果たすような歩行の中でいやおうなしに感じられるのは、むしろ「神々が遠のいてゆく」ような感覚である。歩く者は不在や真空の中を歩いてゆくのではなく、ある具体的な寒さの中、雪の中、孤独の中を、腹の底に恐れを感じながら進んでゆく。そのうちに、自分が粘り強さそのもの、執拗な意地の塊そのものと化してゆく。その中で持ちこたえるしかない――どこか果てしない高みから圧をかけてくるようなこのなにものかの中で。頭上にはただ空が広がっている。そこで耐え抜くしかない。神々が遠のいていったその空間でなお、耐え続けることだ。そこにはもう、初期の作品にみられたような郷愁はなく、神話への希求や、失われた統一性（無限の混沌、原初の焔）への憧れは消え去っている。詩がたどらなければならないのは、神の喪失によって生じた距離、諦めと共に受け入れられた距離なのだ。疲弊の中を歩むということは、その隔たりを歩むということだ。恍惚はない。陶酔もない。あるのはただ耐え、持ちこたえ、再び歩きだすということだけ。この隔たりの中に留まり続けること。それだけだ。

長く、きわめて長く歩いていれば、頭上に広がる空だけではなく、周囲のすべてのものの存在感に圧倒される。分散して、個として存在しているものの単純さ――木々の葉、この樹皮、そこにある小石たち。歩く者に対しては、それらは剥き出しの姿で顕れる。削ぎ落とされた美。もうそこに夢を投影したり、寓話を創ったりする必要はない。ただ名を呼べばよい。詩は、存在するものたちへとただその谺《こだま》を送り返す。

**旅人の行く道に**
**木々は影を落としている**
**陽を浴びる丘から**
**ずっと伸びている小道の先には**
**教会が見える**[102]

ヘルダーリンの後期の詩は、どこかに出典のある表現や学問的な知識などを捨て去っている。生《き》のままの詩。現実を超えて、存在に意味を与えてくる、どこか「他所」にある理想を追い求めることはない。現実を超える必要はもうないのだ。事物の背後に神々を感じ取る必要もないし、読書の記憶を無理やりに呼び覚ます必要もない。長く歩き続けた者にとっては、「自然」はもう存在しない。「自然」というのは、人工的につくりあげられた、文化の産物であり、文学的なアリバイなのだ。あるのはただ一瞬一瞬のきらめきだけ。たぶん、歩きながら、少し目を細めなければならないかもしれない。だがそれは、「大いなる全一」なるものと合一するためではなく、「存在」の中で自己を消すためでもない。ただ、自分自身のために、静かに目を閉じて、この「隔たり」がうがつくぼみの中にそっと身を置くためだ──ヘルダーリンは言う。「忠実でないものに対して、自分自身は忠実でいること」。そして丘の上の立つ一本の木のように、崖の上のある一塊の大岩のように、歩く者はただひとり、路上に立つ。

**だが　旅人は自らの歩みの唯一の主でありながら**
**生きることへの愛ゆえに　その一歩一歩を大切に踏み出す**
**そのとき　彼のゆく道は**
**より美しく花開くのだ**[103]

102 ヘルダーリン『全集』「未完の讃歌──ギリシア（初稿）」
103 同詩篇（第三稿）

# 疲労を求めて

Quête de fatigue

「それで、結局のところ、なぜ歩くのですか？」と人から聞かれるたびに、わたしは、ここ一〇年ほど、本書の各章で語ってきたことをさまざまに言い換えてきた。「そうですね、もちろん自分を取り戻すためということが大きいですが、逆に、自分を見失うためでもあります。なにしろ、歩いていると、風景が美しすぎて、気がへんになるような時がありますから。あとは遅さを愉しむためでしょうか。それと、世界に対して開かれた状態にあるために。他者に対しても、自己に対しても、自分を空いた状態にしておきたいのです……」

こうした理由は相変わらず正当だし、支持されるべきものだと思う。ただ最近わかってきたのだが、歩くことの中で、わたしは、ある種の疲労感――甘美ですらあるようなやさしい「疲れ」――を求めていたのではないか、ということだ。

疲労というものは、一枚岩のように単純なものではない。ニーチェはかつて「大いなる疲労」について語っていたが、現代では彼の時代以上に、「人間たちを見ていることは、人間を疲れさせる」ものかもしれない。ニーチェに続いてペソアもまた、退屈と倦怠と疲労を区別して考察し、身体の疲れと、心の疲れと、知性の疲れはそれぞれに違うのだと語った。

疲労とは、一般に、肉体が消耗することや、一時的な体力の低下のことだと考えられている。仕事が多すぎたり、睡眠不足だったり、激しい動作を反復すれば、まぶたが重くなり、脚が震え、頭もぼんやりして、動作が遅くなる。長い休息が必要になる。疲れきった身体は、翌日また使い果たされるエネルギーを再び蓄積しておかねばならない。その終わりなき循環。

また、ストレスから生じる疲労もある。押し寄せる情報の洪水、対応しきれぬ要請の嵐、張り詰めた神経があちこちに引き回され、捩《ね》じられ、搾《しぼ》られる。このような疲労は、ピリピリとした、悪い疲労である。肉体はこのような興奮と緊張の代償を支払わされる。苛立ちのため、神経が跳ね上がる。動いたためにエネルギーが空になるのではなく、動かずにいることによって過剰な負荷がかかり続け、ついに限界がくる。

わたしが歩くことに求めていたのは、単調で果てしない一歩一歩の繰り返しによって引き起こされる疲労だ。一日が終わった時、身体は鉛の塊のようにどさりと倒れるわけではなく、麻痺して動かなくなるのでもない。くつろぎに身をゆだねるのだ。

そこには、あの最後の疲れ、これまで話題にしてこなかったあの最後の倦怠感を打ち消すだけの何かがある。

それは、他者に疲れることである。他者の中に毎度毎度、同じ欠点、同じ話、同じ含み笑いを見いだすことに疲れてしまう。いつでもどこでも相も変わらぬ偏狭な理屈がまたも口にされていることに疲れる。何も変わらなかったし、何も変わろうとしないし、これからも何も変わらないであろう——そういう現実を見ていることの疲れ。自分自身にも疲れる。予想通りの反応をするわたし、日々同じ道すじをたどるわたし。人生があまりにも、息ができなくなるまでに予測可能になれば、あとは陰鬱なまでに明晰な目をもって先を眺めていることしかできない。わたしは再びペソアに立ち戻る。

**知性の抽象的な働きにはある種の疲労がつきものである。それは、疲労の中でももっともおぞましいものだ。肉体的な疲労のように重たくのしかかるわけではないし、体験や感情から生まれる疲労のように、心をかきみだすものでもない。それは世界に対するわたしたちの意識の重みであり、魂で自由に息をすることができないという状態だ。**

自分と世界から構成される「わたしたち」に、もう何の驚きも感じられない状態。すべてはいつも同じで、この先もずっと変わらないだろうという確信が根を下ろして動かない。

だが、歩いてみると、不思議なことに、少しも生産的ではないその一歩一歩の繰り返しに、それを続けるだけの理由——理由なき理由——が見いだされる。足の動きが呼吸をリズミカルにし、その呼吸がまた足の動きに活力を与える。身体はやさしく磨きあげられるかのように少しずつ擦り減ってゆき、ついに輝くような疲労がもたらされる。夜、肉体は魂の足元に、忠実な飼い犬のように寝そべり、心地よい疲れに全身を満たされ、報いの休息を味わいながら、穏やかな眠りにつく。

太陽と風をたっぷりと吸い込み、ついに力尽きて歩けなくなる時が来たら、わたしは立ち止まるだろう。だが、それまでは、そのことは考えず、ただ足を運び続け、人生は進んでゆく。

# 書誌

邦訳がない作品および複数の邦訳がある古典的作品については、作者名とタイトルの仮訳のみ記す。本文中の引用に際しては、できる限り既訳を参照させていただきながらも、フランス語からの拙訳を使用した。

A. de Baecque, *Écrivains randonneurs*, Paris, Omnibus, 2013 ; *La Traversée des Alpes*, Paris, Gallimard, 2014 ; *Une histoire de la marche*, Paris, Perrin, 2016.（ド・ベック『山歩きの作家たち』『アルプス越え』『歩きの歴史』）
J. Barozzi (dir.), *Le Goût de la marche*, Paris, Mercure de France, 2008.（バロッツィ編『歩くことの楽しみ』）
L. Elkin, *Flâneuse*, Paris, Hoëbeke, 2019.（エルキン『フラヌーズ（遊歩女たち）』）
J.-L. Hue, *L'Apprentissage de la marche*, Paris, Grasset, 2010.（ユー『歩くことを学ぶ』）
M. Jourdan & J. Vigne, *Marcher, méditer*, Paris, Albin Michel, 1994.（ジュルダン／ビーニュ『歩くこと、瞑想すること』）
C. Lamoure, *Petite philosophie du marcheur*, Paris, Milan, 2007.（ラムール『歩行者の小さな哲学』）
D. Le Breton, *Éloge de la marche*, Paris, Métailié, 2000.（ル・ブルトン『歩行礼賛』）
Y. Paccalet, *Le Bonheur en marchant*, Arles, J.-C. Lattès, 2000.（パカレ『歩くときの幸せ』）
Gérard Mordillat, *L'homme n'est pas une chèvre*, éd. La Pionnière, hors commerce, 2021.（モルディヤ『人はヤギではない』）
R. Solnit, *L'Art de marcher*, Paris, Actes Sud, 2002.（ソルニット『ウォークス 歩くことの精神史』東辻賢治郎訳、左右社、二〇一七年）
R. Pol Droit, *Comment marchent les philosophes*, Paris, Paulsen, 2017.（ドロワ『哲学者たちはどのように歩くのか』）
S. Tesson, *Petit traité sur l'immensité du monde*, Paris, Pocket, 2008.（テッソン『世界の広大さについての小論』）

## 遅さ

P. Sansot, *Du bon usage de la lenteur*, Paris, Rivages Poche, 2000.（サンソ『遅さの使い道』）

## やむにやまれぬ逃走の欲求（ランボー）

A. Borer, *Rimbaud en Abyssinie*, Paris, Seuil, 1984.（ボレル『アビシニアのランボー』川那部保明訳、東京創元社、一九八八年）

J.-J. Lefrère, *Arthur Rimbaud*, Paris, Fayard, 2001.（ルフレール『アルチュール・ランボー』）

A. Rimbaud, *Œuvres complètes*, éd. P. Brunel, Paris, LGF, 1999.（ランボー『全集』）

A. Rimbaud, *Correspondance*, éd. J.-J. Lefrère, Paris, Fayard, 2007.（ランボー『書簡集』）

I. Rimbaud, *Reliques*, Paris, Mercure de France, 1922.（イザベル・ランボー『聖遺物』）

**自由**

J. Kerouac, *Sur la route, et autres romans* (*Les Clochards célestes*, trad. M. Saporta, etc.), éd. Y. Buin, Paris, Gallimard, 2003.（ケルアック『路上へ』『天空の浮浪者たち』;『ザ・ダルマ・バムズ』中井義幸訳、講談社文芸文庫、二〇〇七年）

S. Ramdas, *Carnet de pèlerinage*, trad. J. Herbert, Paris, Albin Michel, 1953.（ラームダース『遍歴手帖』）

G. Snyder, *La Pratique sauvage*, trad. O. Delbard, Monaco, éd. du Rocher, 1999.（スナイダー『野性の実践』重松宗育／原成吉訳、東京書籍、一九九四年）

H. Zimmer, *Les Philosophies de l'Inde*, trad. M.-S. Renou, Paris, Payot, 1978.（ツィンマー『インドの哲学者たち』）

**孤独な歩行者の白昼夢（ルソー）**

J.-J. Rousseau, *Les Confessions ; Mon portrait ; Lettres à Malesherbes ; Discours sur l'origine et les fondements de l'inégalité parmi les hommes* Paris, Gallimard.（ルソー『告白』「我が肖像」「マルゼルブへの手紙」『人間不平等起源論』）

R. Trousson, *Jean-Jacques Rousseau*, tome I, « La marche à la gloire » ; tome II, « Le deuil éclatant du bonheur », Paris, Tallandier, 1988 et 1989.（トゥルソン『ジャン＝ジャック・ルソー（上）栄光の歩み』『ジャン＝ジャック・ルソー（下）目もくらむ幸福の喪』）

**エネルギー**

*Pieds nus sur la terre sacrée* (textes rassemblés par T. C. McLuhan), trad. M. Barthélémy, Paris, Denoël, 1974.（マクルーハン編『裸足で聖地を踏んで』）

H. D. Thoreau, *Balade d'hiver*, trad. T. Gillyboeuf, Paris, Mille et une nuits, 2007.（ソロー『冬の散歩』）

S. Tesson, *Éloge de l'énergie vagabonde*, Paris, Pocket, 2006.（テッソン『放浪力の礼賛』）

### 憂愁に満ちた彷徨（ネルヴァル）

G. de Nerval, *Les Filles du feu ; Promenades et souvenirs ; Aurélia*, Paris, Gallimard.（ネルヴァル『火の娘たち』『散歩と思い出』『オーレリア』）

C. Pichois & M. Brix, *Gérard de Nerval*, Paris, Fayard, 1995.（ピショワ／ブリクス『ジェラール・ド・ネルヴァル』）

### 歩行狂人

J.-C. Beaune, *Le Vagabond et la Machine*, Champ Vallon, 1983.（ボーヌ『放浪者と機械』）

I. Hacking, *Les Fous voyageurs*, trad. F. Bouillot, Paris, Les Empêcheurs de penser en rond, 2002.（イアン・ハッキング『マッド・トラベラーズ—ある精神疾患の誕生と消滅』江口重幸・大前晋・下地明友・三脇康生・ヤニスガイタニディス訳、岩波書店、二〇一七年）

P.-A. Tissié, *Les Aliénés voyageurs. Le cas Albert*, Paris, L'Harmattan, 2005.（ティシエ『旅行性精神疾患—アルベールという症例』）

### 永遠

R.-W. Emerson, *La Nature*, trad. P. Oliete-Losos, Paris, Allia, 2004.（エマソン『自然について』斎藤光訳、日本教文社、一九九六年）

### 道を撫でる

Platon, *Lettres*, éd. & trad. L. Brisson, Paris, Garnier-Flammarion, 1993.（プラトン『書簡集』）

M. Foucault, *Le Gouvernement de soi et des autres*, éd. F. Gros, Paris, Gallimard/Seuil/Hautes Études, 2008.（フーコー『自己と他者の統治—コレージュ・ド・フランス講義 1982-1983 ミシェル・フーコー講義集成XII』阿部崇訳、筑摩書房、二〇一〇年）

E. Lévinas, *Totalité et infini. Essai sur l'extériorité*, Paris, Le Livre de poche, 1990.（レヴィナス『全体性と無限』）

### なぜわたしはこんなによい歩行者なのか（ニーチェ）

F. Nietzsche, *La Naissance de la tragédie ; Humain, trop humain ; Aurore ; Le Gai Savoir ; Ainsi parlait Zarathoustra ; Ecce Homo ; Le Cas Wagner ; Nietzsche contre Wagner* , Paris, Gallimard; *Dernières lettres*, trad. C. Perret, Paris, Rivages, 1992.（ニーチェ『悲

劇の誕生』『人間的な、あまりに人間的な』『曙光』『悦ばしき知識』『ツァラトゥストラはかく語りき』『この人を見よ』『ワーグナーの場合』『ニーチェ対ワーグナー』『晩年の書簡集』）

C. P. Janz, *Nietzsche, biographie*, tomes I (*Enfance, jeunesse, les années bâloises*, trad. Marc de Launay, Violette Queuniet, Pierre Rusch & Maral Ulubeyan), II (*Les dernières années bâloises, le libre philosophe*, trad. Marc de Launay, Violette Queniet, Pierre Rusch & Maral Ulubeyan), III (*Les dernières années du libre philosophe, la maladie*, trad. Pierre Rusch & Michel Valois), Paris, Gallimard, 1984 et 1985.（ヤンツ『ニーチェ伝』）

### 感謝の念

Épicure, *Lettre à Ménécée*, éd. M. Conche, Paris, PUF, 1987.（エピクロス「メノケイウス宛ての手紙」『エピクロス―教説と手紙』）

M. Kundera, *L'Immortalité*, Paris, Gallimard, 1990.（クンデラ『不滅』菅野昭正訳、集英社、一九九九年）

### 野生の征服（ソロー）

H. D. Thoreau, *Walden ou la vie dans les bois*, trad. L. Fabulet, Paris, Gallimard, 1922 ; *Journal 1837-1861*, trad. R. Michaud & S. David, Paris, Denoël, 1986 ; *Je suis simplement ce que je suis : Lettres à Harrison G. O. Blake*, trad. T. Gillyboeuf, Paris, Finitude, 2007 ; *La Désobéissance civile*, trad. G. Villeneuve, Paris, Mille et une nuits, 1999 : *De la marche*, trad. T. Gillyboeuf, Paris, Mille et une nuits, 2003 ; *Le Paradis à (re)conquérir*, trad. T. Gillyboeuf, Paris, Mille et une nuits, 2005 ; *La Vie sans principe*, trad. T. Gillyboeuf, Paris, Mille et une nuits, 2004 ; *De l'esclavage, plaidoyer pour John Brown*, trad. T. Gillyboeuf, Paris, Mille et une nuits, 2006.（ソロー『ウォールデン』『日記（一八三七―一八六一年）』『私はただ私だ―ハリソン・G.O.ブレイク宛ての書簡』『市民的不服従』『歩くことについて』『（再）奪取すべき楽園』『原則なき人生』『奴隷制について―ジョン・ブラウン擁護のための論説』）

### 反復

A. David-Néel, *Mystiques et magiciens du Tibet*, Paris, Pocket, 2003.（ダヴィッド＝ネール『チベット神秘思想と魔術師』）

C. Péguy, *Les Tapisseries*, Paris, Gallimard, 1957.（ペギー『タペストリー』）

*Petite philocalie de la prière du coeur*, trad. J. Gouillard, Paris, Seuil, 1979.（『心の祈りのフィロカリア』）

*Récits d'un pèlerin russe*, trad. J. Laloy, Paris, Baconnière/Seuil, 1966.（『ロシア人巡礼者の物語』）

*Toukârâm, Psaumes du pèlerin*, trad. G.-A. Deleury, Paris, Gallimard, 1973.（トゥカラム『巡礼者の詩篇』）

W. Wordsworth, *Le Prélude*, trad. L. Cazamian, Paris, Aubier, 1978.（ワーズワース『序曲』）

### 世界の終わり

C. McCarthy, *La Route*, trad. F. Hirsh, Paris, Seuil, 2009.（マッカーシー『ザ・ロード』黒原敏行訳、岩波書店、二〇一〇年）

G. Perec, *Un homme qui dort*, Paris, Gallimard, 1990.（ペレック『眠る男』海老坂武訳、晶文社、一九七〇年／水声社、二〇一六年）

### 宗教的精神と政治（ガンディー）

Gandhi, *Mes expériences de vérité*, Paris, PUF, 1982, *Résistance non violente*, Paris, Buchet-Chastel, 1986.（ガンディー『自叙伝 真理の実験』『非暴力抵抗』）

G. Deleury, *Gandhi*, Paris, Pygmalion, 1997.（ドゥルリ『ガンディー』）

L. Fisher, *Vie du Mahatma Gandhi*, Paris, Calmann-Lévy, 1952.（フィッシャー『ガンディーの生涯』）

R. Payne, *Gandhi*, trad. P. Rocheron, Paris, Seuil, 1972.（ペーヌ『ガンディー』）

### 共に歩く――祝祭のポリティック

Alain, *Propos sur la religion*, Paris, PUF, 1969.（アラン『宗教についてのプロポ』）

### アブラハムの歩み（キェルケゴール）

S. Kierkegaard, *Crainte et tremblement*, trad. C. Le Blanc, Paris, Rivages, 2000.（キェルケゴール『おそれとおののき』）

S. Kierkegaard, *Ou bien... ou bien...*, éd. R. Boyer, Paris, Robert Laffont, 1993.（キェルケゴール『あれか、これか』）

J. Hohlenberg, *Søren Kierkegaard*, trad. P.-H. Tisseau, Paris, Albin Michel, 1956.（ヨハネス・ホーレンベーヤ『セーレン・キェルケゴール伝』大谷長［他］共訳、ミネルヴァ書房、一九六七年）

### 巡礼の道

F.-L. Alsina & P. Caucci von Saucken, *Pèlerinages : Compostelle, Jérusalem, Rome, Paris*, Desclée de Brouwer, 1999.（アルシナ／フォン・ザウケン『巡礼―コンポステラ、エルサレム、ローマ』）

J. Biès, *Mont Athos*, Paris, Albin Michel, 1963.（ビエス『アトス山』）

J. Chélini & H. Branthomme, *Les Chemins de Dieu : Histoire des pèlerinages chrétiens des origines à nos jours*, Paris, Hachette, 1995.（チェリーニ／ブラントム『神の道―キリスト教徒の巡礼の歴史、起源から現代まで』）

J. Chélini & H. Branthomme (dir.), *Les Pèlerinages dans le monde à travers le temps et l'espace*, Paris, Hachette, 2004.（チェリーニ／ブラントム編『世界の巡礼 時間と空間』）

A. Dupront, *Du sacré : croisades et pèlerinages, images et langages*, Paris, Gallimard, 1987.（デュプロン『聖なるものについて―十字軍と巡礼、イメージと言語』）

A. Dupront (dir.), *Saint-Jacques de Compostelle*, Turnhout (Belgique), Brépols, 1985.（デュプロン編『サンティアゴ・デ・コンポステラ』）

*Le Guide du pèlerin de Saint-Jacques de Compostelle*, trad. J. Vielliard, Paris, Vrin, 1997.（『サンティアゴ・デ・コンポステラへの巡礼のための案内書』）

H. Engelman, *Pèlerinage*, Paris, Fayard, 1959.（エンゲルマン『巡礼』）

A. Guillaumont, *Aux origines du monachisme chrétien*, Abbaye de Bellefontaine, 1979.（ギヨモン『キリスト教修道制の起源へ』）

R. Oursel, *Les Pèlerins du Moyen Âge : Les hommes, les chemins, les sanctuaires*, Paris, Fayard, 1963.（ウルセル『中世の巡礼者たち―人々、道、聖地』）

P. A. Sigal, *Les Marcheurs de Dieu*, Paris, Armand Colin, 1974.（シガル『神への歩行者たち』）


**自己の新生、世界の新生**


Lama Anagarika Govinda, *Le Chemin des nuages blancs. Pèlerinages d'un moine bouddhiste au Tibet*, Paris, Albin Michel, 1969.（ラーマ・アナガリカ・ゴーヴィンダ『白き雲の道―チベットの仏教僧の巡礼』）

M. Benzi, *Les Derniers Adorateurs du peyotl*, Paris, Gallimard, 1972.（ベンジ『最後のペヨトル崇拝者たち』）

G. Roud, « Petit traité de la marche en plaine », in *Essai pour un paradis*, Lausanne, L'Âge d'Homme, 1983.（ルー「平原を歩くことについての小論」『楽園のためのエセー』）

### 犬儒派の歩み

*Les Cyniques grecs. Fragments et témoignages*, éd. L. Paquet, Paris, Le Livre de poche, 1992.（『ギリシアの犬儒派―断章と証言』）

Diogène Laërce, *Vies et doctrines des philosophes illustres* (particulièrement le livre VI), dir. M.-O. Goulet-Cazé, Paris, La Pochothèque, 1999.（ディオゲネス・ラエルティオス『ギリシア哲学者列伝』加来彰俊訳、岩波文庫、一九八四年）

Épictète, *Entretiens* (particulièrement III, 22), trad. A. Jagu & J. Souilhé, Paris, Les Belles Lettres, 1943.（エピクテトス『語録』）

M. Foucault, *Le Courage de la vérité*, Paris, Gallimard/Seuil/Hautes Études, 2009.（ミシェル・フーコー『真理の勇気―自己と他者の統治II コレージュ・ド・フランス講義 1983-1984年度』慎改康之訳、筑摩書房、二〇一二年。

M.-O. Goulet-Cazé, *L'Ascèse cynique. Un commentaire de Diogène Laërce*, Paris, Vrin, 2000.（グレ・カゼ『キュニコス派の禁欲―ディオゲネス・ラエルティオスの注釈』）

### 散歩

M. Proust, *Du côté de chez Swann (Combray)*, Paris, Gallimard, 1987.（プルースト『失われた時を求めて スワン家のほうへ』「コンブレー」）

K. G. Schelle, *L'Art de se promener*, trad. P. Deshusses, Paris, Rivages, 1996.（シェル『散歩の技法』）

### 庭園

M. Poëte, *Au jardin des Tuileries : l'art des jardins, la promenade publique*, Paris, A. Picard, 1924.（ポエト『チュイルリー庭園で―庭園の芸術、公共の散歩』）

M. Poëte, *La Promenade à Paris au XVII$^{e}$ siècle*, Paris, Armand Colin, 1913.（ポエト『十七世紀のパリにおける散歩』）

### 日々の散歩（カント）

L. E. Borowski, R. B. Jachmann, E. A. Wasianski, *Kant intime*, trad. J. Mistler, Paris, Grasset, 1985.（ボロウスキー／ヤッハマン／ヴァジャンスキー『カントその人と生涯――三人の弟子の記録』芝烝訳、創元社、一九六七年）

T. de Quincey, *Les Derniers Jours d'Emmanuel Kant*, trad. M. Schwob, Paris, Allia, 2004.（ド・クインシー『エマニュエル・カントの最期の日々』）

**都市の遊歩者**

L. Aragon, *Le Paysan de Paris*, Paris, Gallimard, 1972.（アラゴン『パリの農夫』佐藤朔訳、思潮社、一九八八年）

W. Benjamin, *Charles Baudelaire*, trad. J. Lacoste, Paris, Payot, 2002.（ベンヤミン『ボードレール』）

W. Benjamin, *Paris, capitale du XIXe siècle : Le livre des passages*, trad. J. Lacoste, Paris, Le Cerf, 1997.（ベンヤミン『十九世紀の首都パリ―パサージュ論』）

A. Breton, *Nadja*, Paris, Gallimard, 1973.（ブルトン『ナジャ』巖谷國士訳、岩波文庫、二〇〇三年）

T. Paquot, *Des corps urbains : sensibilités entre béton et bitume*, Paris, Autrement, 2006.（パコ『都市の身体―コンクリートとアスファルトの間の感性』）

G. Debord, « Théorie de la dérive », in *Œuvres*, Paris, Gallimard, 2006.（ドゥボール「逸脱の理論」『全集』）

**神々が身を引いても、なお歩む（ヘルダーリン）**

F. Hölderlin, *Œuvres*, publiées sous la dir. de P. Jaccottet, Paris, Gallimard, « Bibliothèque de la Pléiade », 1967.（ヘルダーリン『全集』）

B. Alleman, *Hölderlin et Heidegger*, Paris, PUF, 1959.（アルマン『ヘルダーリンとハイデガー』）

P. Härtling, *Hölderlin*, trad. P. Jaccottet, Paris, Seuil, 1980.（ペーター・ヘルトリング『ヘルダリーン―ある小説』富田佐保子訳、鳥影社、二〇一二年）

**疲労を求めて**

F. Pessoa, *Le Livre de l'intranquillité*, trad. F. Laye, Paris, Christian Bourgois, 2011.（ペソア『〈新編〉不穏の書』澤田直訳、平凡社ライブラリー、二〇一三年）

# 訳者あとがき

本書は、Frédéric Gros, *Marcher, une philosophie*, Albin Michel, 2021 の全訳である。初版が刊行された二〇〇八年にフランスでベストセラーとなり、二〇一一年、二〇一七年とポケット版で版を重ね、二〇二一年に本書の底本とした改訂新版が刊行された。新版では、アラン・ボワイエによる三三枚の挿絵が加わり、文章に細かな修正が施された他、新たに八章が書き足され、章の順序も組み替えられている。新・旧版あわせて、これまでに二一もの言語に翻訳されている。

本書のタイトルにある marcher（歩く）というフランス語の動詞は、単独でも「山を歩く」という意味を持つことがある。「山歩きをする」という意味で、ただ「歩くことをする（faire de la marche）」と言うことがあるし、よく山に行く人は「歩く人（marcheur）」と呼ばれる。したがって、本書の序章のタイトルであり、巻頭文でもある「歩くことは、スポーツではない」という一文は、「山を歩くことは、スポーツではない」と訳してもよいものなのだ。また、最終章の冒頭に置かれた「それで、結局のところ、なぜ歩くのですか？」という問いも、「なぜあなたは山に行くのですか？」という響きを持つ。だが、その双方において、作者のフレデリック・グロが「山」という一語をあえて一度も使わず、「歩く」という語の多義的な揺らぎこそを目覚めさせ、「歩くこと」の普遍性と創造性を最大限に思考しようとした本が本書なのだ。

名詞 marche の訳語としては「歩行」「歩み」「歩き」などの他、「徒歩」「ウォーキング」「ハイキング」「行進」「マーチ」などがありうるが、本書の中核に据えられているのは「山」や「自然」の中を歩くことだが、街での徒歩での移動から、近所の公園への散歩、政治的な街頭行進から、数カ月にわたる巡礼の旅まで、およそ「歩く」という語から想起されうるきわめて幅広い活動が取り上げられている。そこに通底する問いは、人間にとって、思考にとって、創造や生活において、「歩くこと」とは何であるのか、というものである。歩くことはわたしたちに何をもたらし、何を手放させ、わたしたちをどう変えるのか。「歩く」という行為の詩的かつ哲学的なポテンシャルをひとつひとつ尋ね歩くようにしながら、グロは、古今東西の詩人、作家、哲学者、社会活動家、宗教家、旅行家との対話を重ねてゆく。

新版で加えられた八章は、「歩行狂人」「道を撫でる」「感謝の念」「世界の終わり」「共に歩く――祝祭のポリティック」「アブラハムの歩み（キェルケゴール）」「神々が身を引いても、なお歩む（ヘルダーリン）」「疲労を求めて」であるが、もうひとつ、新旧の違いで目を引くのは、「歩く女」たちに捧げられた冒頭の「献辞」だろうか。実を言えば、「山と渓谷社」から翻訳の依頼を頂いた際、訳者はまず、この「献辞」を読んで、本文への期待に胸を高鳴らせたということがあったのだが、本書で大きく取り上げられているのは、もれなく男性の「歩行者」たちであり、初版の段階では、この「歩く女」たちへの献辞もなかった。初版と新版のあいだに、きわめて急速かつ広範なフェミニズム運動の高まりがあったことを思えば、おそらく、グロもまた、実際には数多く存在していた「歩く女」たちを自著においてひとりも取り上げなかったという事実になんらかのかたちで「向き合う」段階があったのかもしれない。そして、その「欠落」、あるいは「不在」を、そのまま放置するのではなく、かといって乱暴に「埋めて」しまうのでもなく、そっと「献辞」というかたちで指し示すことによって、その「不在」そのものを際立たせようとしたのかもしれない。

自身が山歩きの実践者でもあるグロは、たとえばそんなふうに、どんな時でも「歩く」ことを生きることの軸にしている。歩いてゆけば、まわりの風景も次第に変わってゆくが、その時、自分が自分自身に対して「空いた」状態にあることができれば、自分もまたゆっくりと変わりながら、世界にじかに関わり、新たな問いの空間を開いてゆくことができる。

自分が変わってゆくこと——それをミシェル・フーコーは「自分から自分をひきはがす（se déprendre de soi-même）」と表現したが、一九六五年生まれのグロは、フーコーの専門家であり、現在はパリ政治学院で教鞭を執っている。日本にもすでに『フーコーと狂気』（菊地昌実訳、法政大学出版局）、『ミシェル・フーコー』（露崎俊和訳、白水社「文庫クセジュ」）などの翻訳があり、フーコーの未刊の大作「性の歴史」最終巻『肉の告白』（慎改康之訳、新潮社）の編集の他、プレイヤード版全集（全二巻）の監修も務めている。グロの際立ったところは、フーコー「について」書くだけでなく、フーコーの方法を自分のものとして、フーコー「のように」書くところである。『創造と狂気 精神病理学的判断の歴史』（澤田直・黒川学訳、法政大学出版局）は、そのようなグロの流儀が結実した仕事である。

体の「芯」にフーコーを持った人、というこのグロの印象は、彼の一連の哲学エッセイを読むといっそう鮮やかなものとなる。それらは、植民地主義や資本主義が生み出してきた現代の諸問題——格差、環境破壊、差別、分断——における「権力」の問題を鋭く批判した書であるが、哲学を専門としない読者にも広く語りかける啓蒙的な面を持ち、二〇一七年に刊行された『従わない』は「フランスの高校生が選ぶ哲学書大賞」を受賞している。現代の問題を想像力の欠如に見た『恥とは革命的な感覚である』（二〇二一年）でも、ロシアによるウクライナ侵攻開始後に書かれた『なぜ戦争を?』（二〇二三年）でも、グロは、今を生きる同時代人として、今述べるべき真実を今述べ、今問うべき問いを今問いかけている。二〇二四年秋には、西暦一世紀に生きた、反体制的で型破りな聖女テオクリアの知られざる物語を「小説」というかたちで語った（『最初の物語』）。

そのように多彩なグロの仕事の中でも、本書『歩くという哲学』はもっとも幅広く親しまれ、ロングセラーとなった一冊である。それは、おそらく本書に、もともと山や散歩が好きな読者だけでなく、むしろ、歩くことを「退屈」と感じる読者や、「本を読んでるほうがいい」という読者こそを巻き込む力があるからだろう。「歩く」というこの上なく身近な行為を通して、「哲学する」ことの原点——いつもとは違う仕方で世界を受け止めたり、考えたりすること——へと導かれるために、ふとした瞬間の日常の風景の質がわずかに変わっている。ソローの章や、犬儒派の章を読むことは、現代人にとっては、劇薬あるいはカンフルになりうる。このまま匂いのしない電子的交流空間にいるよりは、手の中におさまる光る画面を置いて、「外」へと出てみようか——。

翻訳にあたって、本書に時折登場する哲学的な用語や、やや特殊な概念をどこまで哲学の訳語に寄せて訳すべきかは非常に迷ったが、今回は、まず、学術的な訳語に頼らずに訳すことができないかを探ってみた。それは、それらの用語がもともとは日常語でもあるという事情が多いためでもあったが、何より、アカデミズムの研究者であるグロ自身が、本書をあくまでも「山」と地続きであるような本、強風に肌をなぶられ、呼吸が深くなるような本として書こうとしていたことが感じられたためである。いつもは模範的なほどきっちりと注や出典を整えているグロが、本書においては引用の出典にページ数をつけず、時に出典そのものを省略するなど、あえて形式の上でもラフさとランダムさを選択している（訳注においても、基本的にはそれらを補っていない）。そうしたこともあり、今回の翻訳では、時に哲学の翻訳で必要とされる方法――ひとつの術語、ひとつの概念に、ひとつの訳語を充てるという配慮――は採らずに、むしろ、同一語を七変化させながらに訳し分けてでも、その語がその文のその位置で言わんとしていることをどうにかしてその芯で捉える、という方向で訳文の調整をした。

なかでも、もっとも手を焼いたのは、核心的な部分になると必ずと言っていいほど現れるprésence（プレザンス）という語である。グロにとっての「歩くこと」は、ほぼこの一語に集約されると言っても過言ではないくらいなのだが、これを「現存」「現前」などと機械的に訳していたのでは、この語が持っている詩的なポテンシャルが一向に発揮されない。そこでどのように訳し分けたのかは本文に譲ることにするが、そのような翻訳の指針は、「一」よりも「多」、「一」であるような「多」——「原初の全一」という失われた物語を惜しむよりも、現在の分散こそを愛おしむ——という「ヘルダーリン」の章で展開されている、ひとつの「歩き方」を翻訳へと転用したものだったのかもしれない。

先述したように、フランス語では「歩く」という動詞が、単独でも「山を歩く」という意味を持つことがあるのだが、これは、ヨーロッパの人々が比較的「気軽に」山を歩くことにも関係しているような気がする。もちろん地域にもよるし、山のレベルにもよるのだが、「山を歩く《マルシェ》」ということが、まさしく「歩くこと《マルシェ》」そのものであるかのように、「山歩き《マルシュ》」はそれを「趣味」とする人たちが行なう何か特別な活動なのではなく、もっと敷居の低い何か、ごく当たり前の何か、という感覚が広く共有されている。老いも若きも、子供たちも乳飲み子も、べつだん気をはることもなく、とくに構えることもなく、時には普段着のような恰好のまま、「自然に」山に入ってゆく。

訳者自身は、もう何年も前から膝を痛めていることもあり、あまり山には行かれないのだが、自分の尊敬する人や、なつかしい人たち、好きな作家たちの中に、山を愛する人が多い。この本の翻訳をお引き受けすることに決めたのも、山を登れない自分が、山に登れないなりに、彼らと共に山にありたかったからなのかもしれない。取り掛かってみたら、絶対に一行ずつしか進まない「翻訳」という作業は、絶対に一歩ずつしか進まない「歩く」という体験とつくづくよく似ていた。難所へとさしかかるたびに、彼らのことを思い出し、そのなかには今ではもう「歩く」ことのできなくなっている人もいることを思い、どうにか次の一行へと渡ってゆくことができた。今、この

「山」を歩き通してみて、「歩くこと」と似ているのは、翻訳だけではなく、生きることそのものであるとあらためて思う。だが、これからは、人生の難所へとさしかかるたびに、思い出すことのできる「歩く人」たちのリストが、こんなにもふえたのだ。

この本を手にした方が、人生のさまざまの折に、たとえばガンジーの傍らを歩き、時にランボーの歩に自分の歩をあわせ、あるいは「ルン・ゴン・パ」のごとく風となって野山を疾駆し――そして、カントの気配を感じながら、何かをコツコツと積み重ねてゆくことの困難を少しでも乗り越えてゆけることがあるならば、訳者としてもこれにまさる喜びはない。

最後に、本書の刊行をめぐる経緯について記しておきたい。本書の日本語版が世に出ることになったのは、ひとえに「山と溪谷社」の編集者、高倉眞氏の熱意によるものである。山と外国文学を愛する高倉氏は、フロ－ベ－ルの『三つの物語』(光文社古典新訳文庫)の拙訳を読み、とりわけ「素朴なひと」に大変感動しました、と言って、二年前の一二月に勤務先の大学事務室に翻訳依頼をくださった。山も哲学も専門ではなく、専門ではないことに乗り出して大変な日々をむかえる、というのが習い性となっているとはいえ、そのような「愉しみ」からはいいかげん足を洗わなければ(専門はどうなるのだ)、と固く心に誓った矢先でもあり、お断りをする予感の中でお会いしに行ったところ、高倉氏の訥々としたお話しぶりになにかほっとするようなものを感じ、これはフロ－ベ－ルがつないでくれた縁を大事にすべきではないか、という気がしてきて、その日から仕事に取り掛かった。一章を訳し終わるごとに適切なご指摘と真っすぐな感想を届けてくださり、最後の一行に至るまで忍耐強くおつきあいくださった高倉氏には、心よりの感謝を捧げたい。

ともあれ、本書のような広汎な内容と多数の言語に関わる文章の解釈には、きっと初歩的な間違いも残っていることと思う。踏み外している箇所にお気づきの方は、どうか教えてください。

最後に、「歩くこと」と「考えること」の連関について考え続けている同僚の池田喬氏（明治大学文学部哲学専攻）にも、本書の最初の読者となり、訳稿についての貴重な助言をくださったことに、心より感謝申し上げる。

二〇二五年一月二〇日　谷口亜沙子

# 歩くという哲学

2025年3月10日　初版第1刷発行
2025年7月10日　初版第5刷発行

著　者　フレデリック・グロ
訳　者　谷口亜沙子
発行人　川崎深雪
発行所　株式会社 山と溪谷社
〒101-0051
東京都千代田区神田神保町1丁目105番地
https://www.yamakei.co.jp/

編　　集　　高倉 眞
デザイン　　松沢浩治(DUG HOUSE)
校　　正　　中井しのぶ

印刷・製本　株式会社暁印刷

●乱丁・落丁、及び内容に関するお問合せ先
山と溪谷社自動応答サービス
電話 03-6744-1900
受付時間／11：00～16：00（土日、祝日を除く）
メールもご利用ください。
【乱丁・落丁】service@yamakei.co.jp
【内容】info@yamakei.co.jp
●書店・取次様からのご注文先
山と溪谷社受注センター
電話 048-458-3455　FAX 048-421-0513
●書店・取次様からのご注文以外のお問合せ先
eigyo@yamakei.co.jp


ISBN978-4-635-35002-0

MARCHER, UNE PHILOSOPHIE
by Frédéric Gros

First edition:©Éditions Carnets Nord-2008
Reviewed and augmented edition:©Éditions Albin Michel-Paris 2021

Japanese translation rights arranged with
Editions Albin Michel
through Japan UNI Agency, Inc., Tokyo

**フレデリック・グロ**
（Frédéric GROS）

1965年生まれ。パリ政治学院政治思想学教授。パリ高等師範学校（ENS）に学び、1999年にフーコーについての研究によりパリ第12大学博士号を取得。邦訳されている『ミシェル・フーコー』（白水社）、『フーコーと狂気』（法政大学出版局）、『創造と狂気』（法政大学出版）の他、未邦訳の著作として『暴力状態─戦争の終わりについての試論』『安全原則』『従わない』『恥とは革命的な感覚である』『なぜ戦争を？』、小説として『憑かれた者たち』『啓蒙の治療師たち』『最初の物語』などがある。本書『歩くという哲学』は、これまで21の言語に翻訳されている。

**谷口亜沙子**
（たにぐち・あさこ）

1977年生まれ。明治大学文学部フランス文学専攻教授。早稲田大学に学び、2005年にミシェル・レリスに関する研究でパリ第7大学文学博士号を取得。著者に『ジョゼフ・シマ─無音の光』『ルネ・ドーマル─根源的な体験』（共に水声社）、訳書にドーマル『大いなる酒宴』（風濤社）、フローベール『三つの物語』（光文社古典新訳文庫／小西財団日仏翻訳文学賞）、論文に「ユベール・マンガレリ『冬の食事』─ホロコーストにおける〈草の根〉の執行者たち」「シャルロット・デルボ─アウシュヴィッツを〈聴く〉証人」などがある。